AF248980

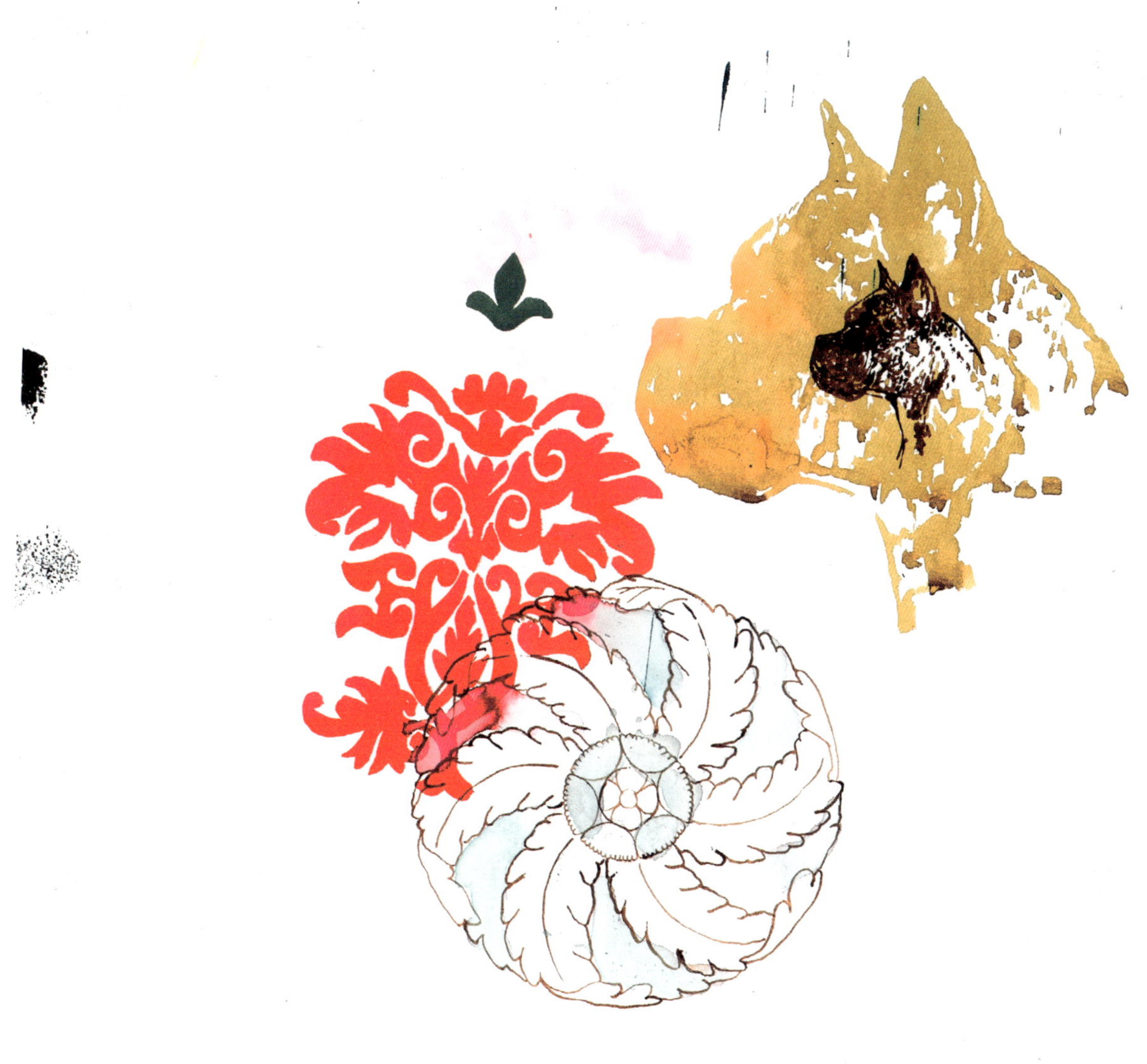

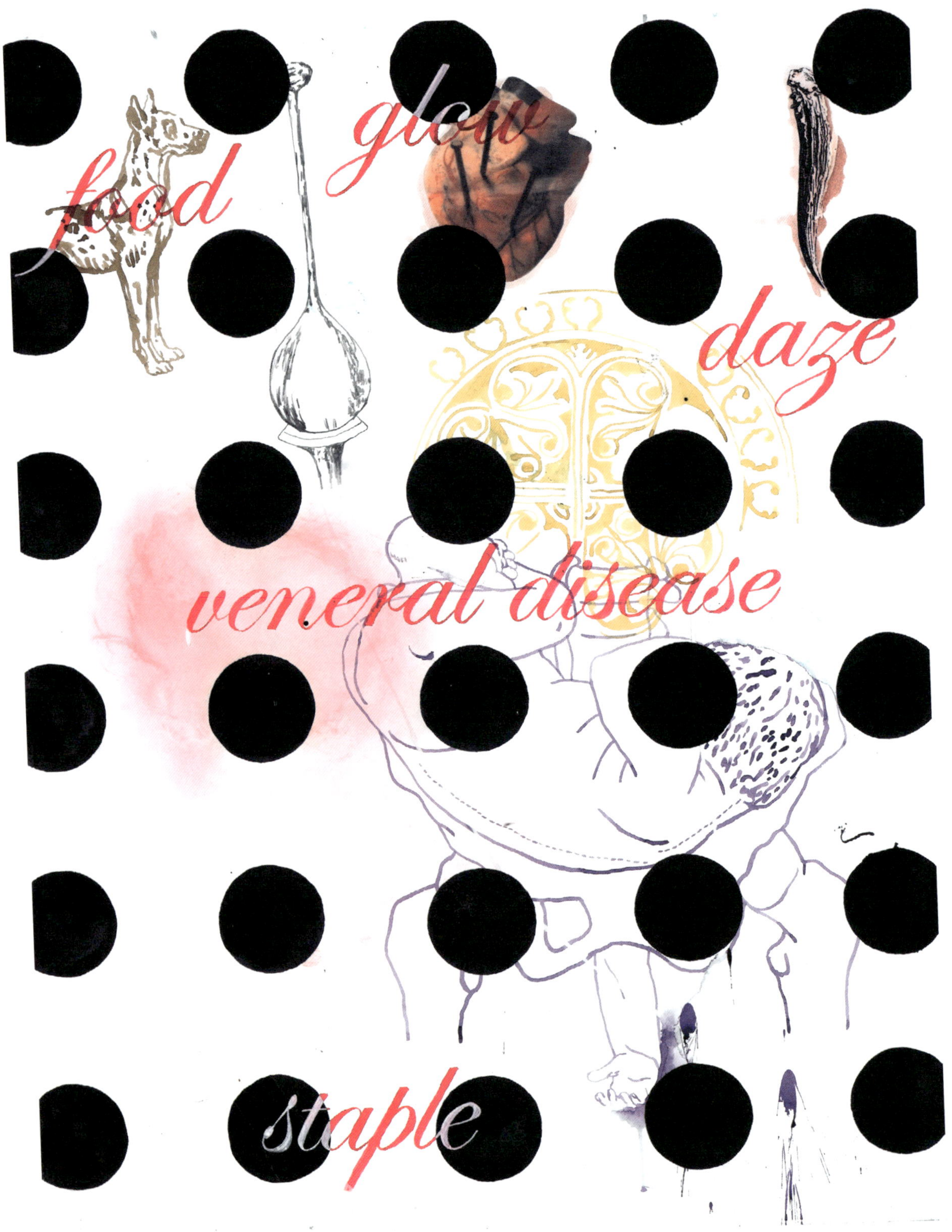

food
glow
daze
veneral disease
staple

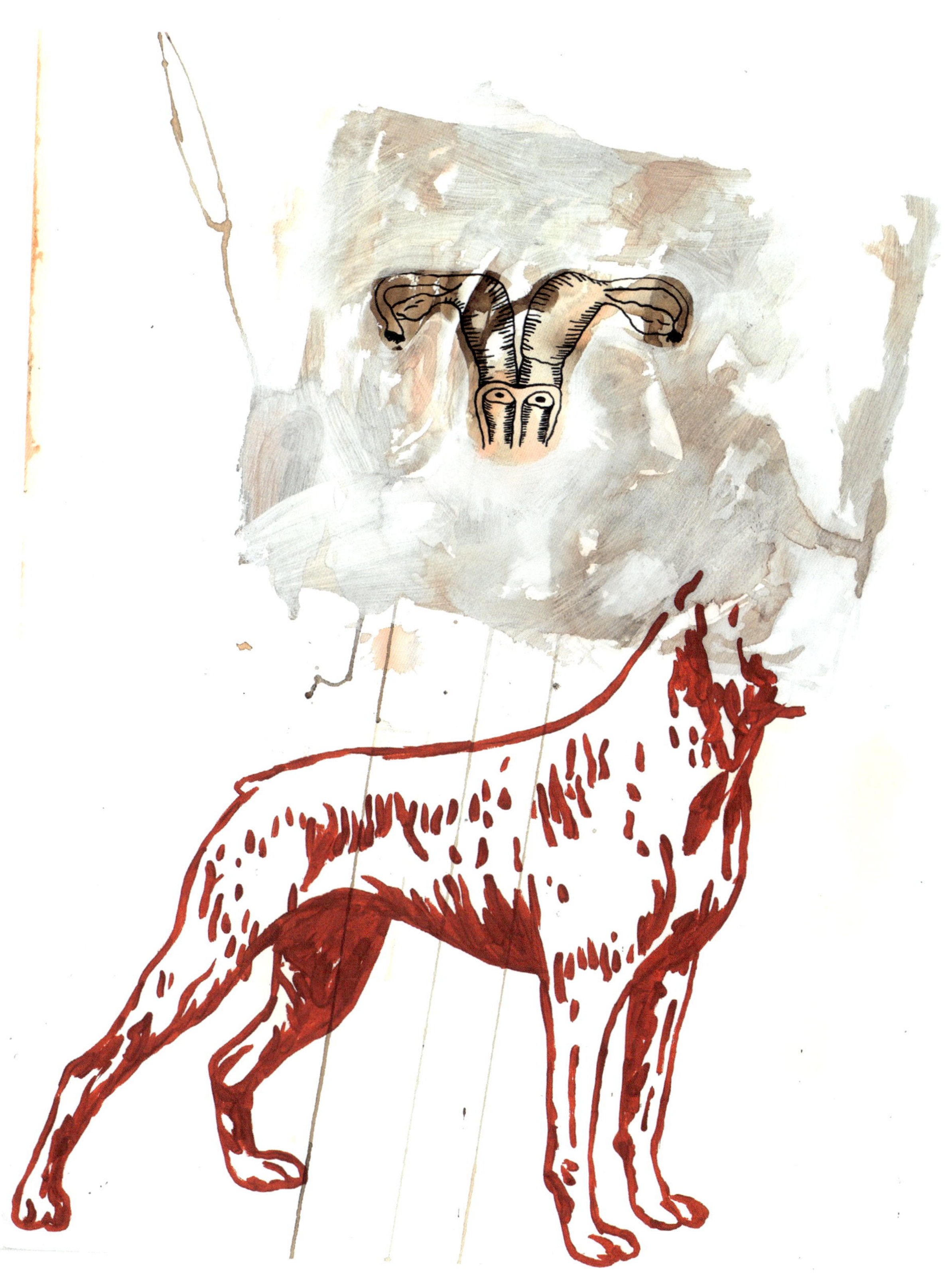

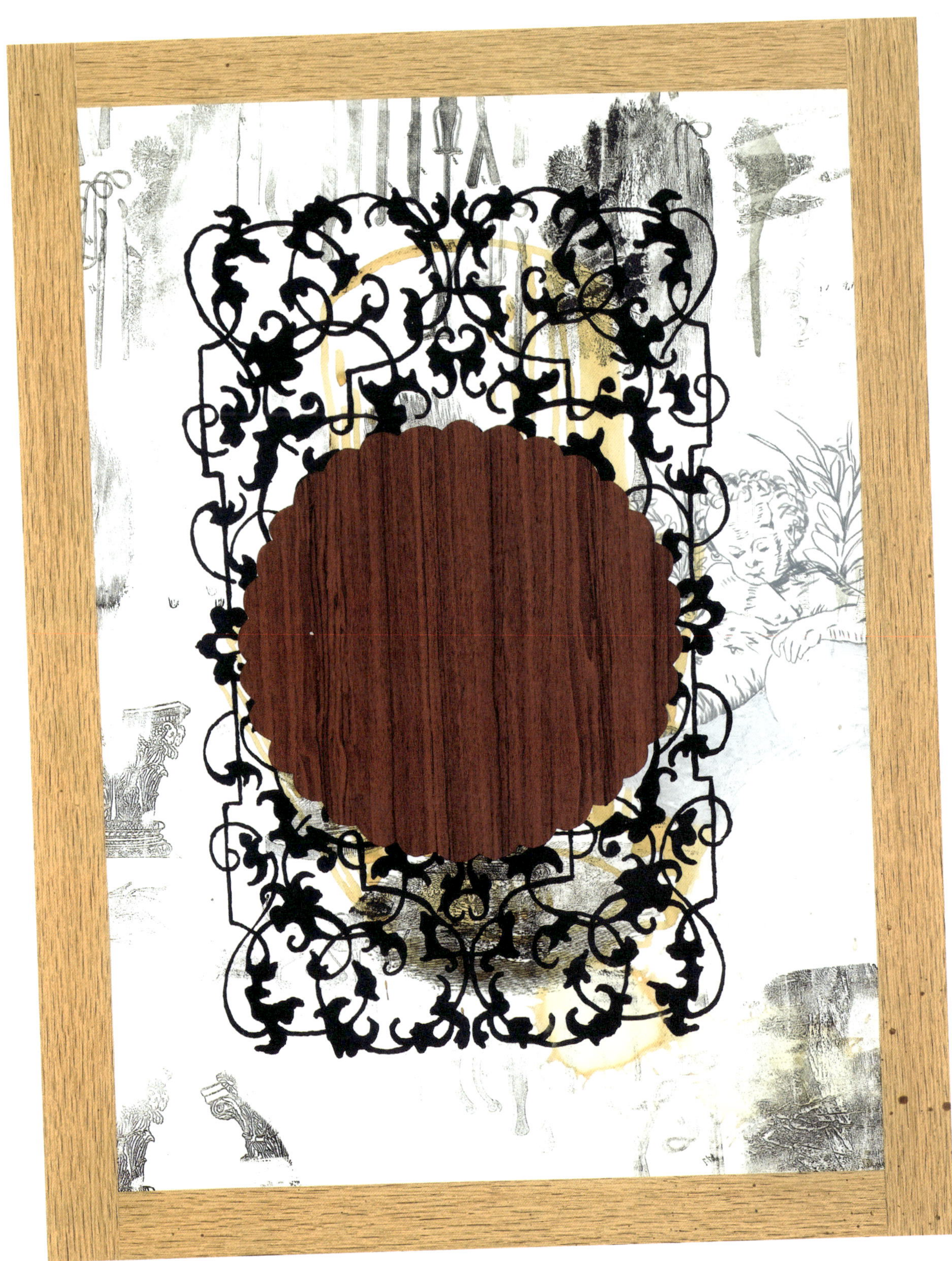

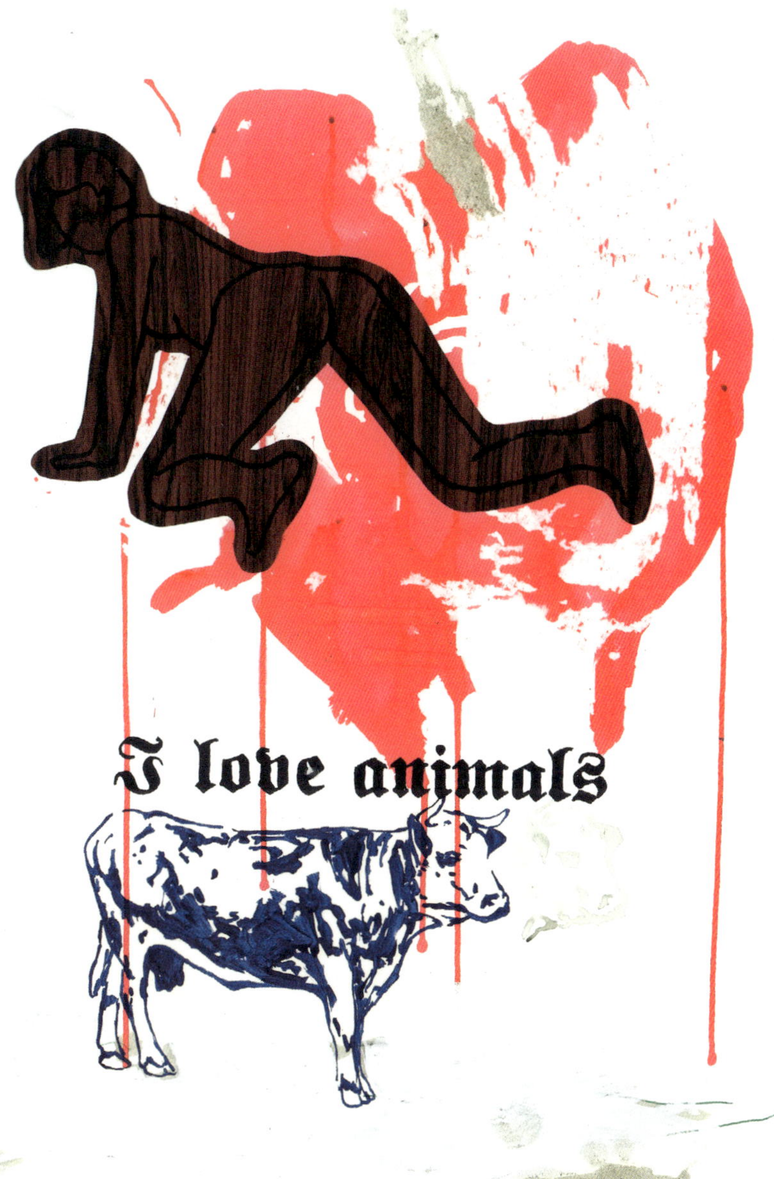

I love animals

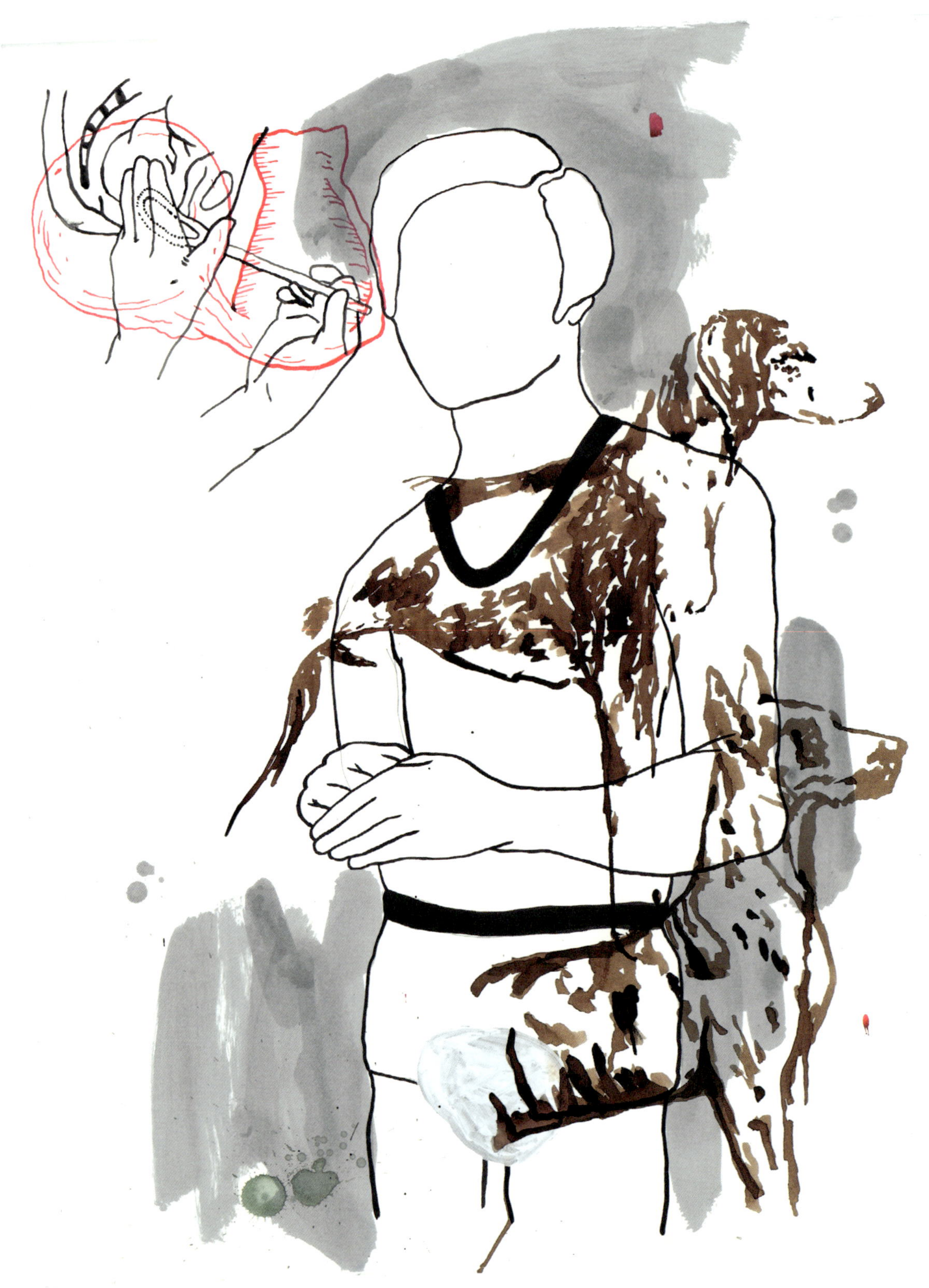

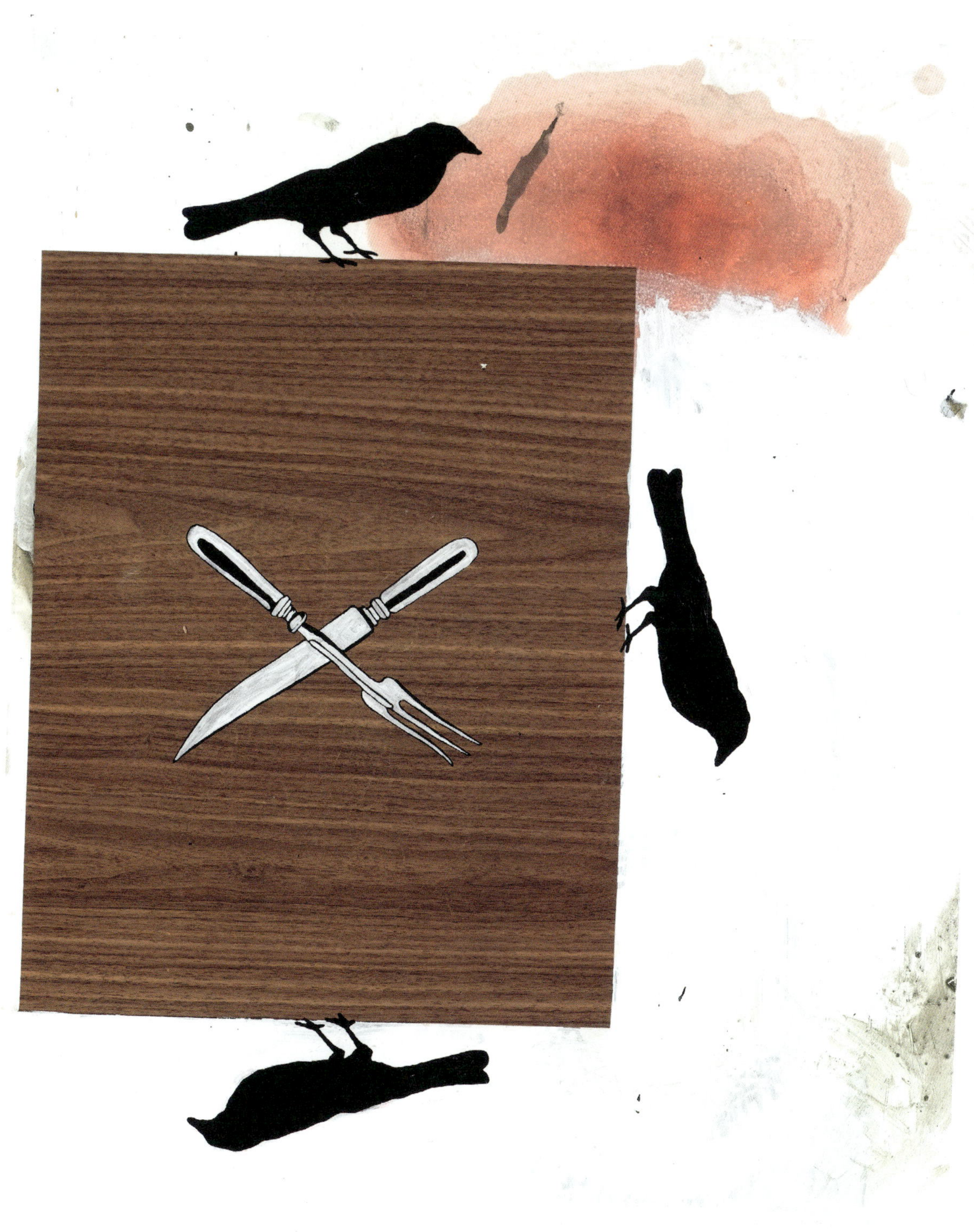

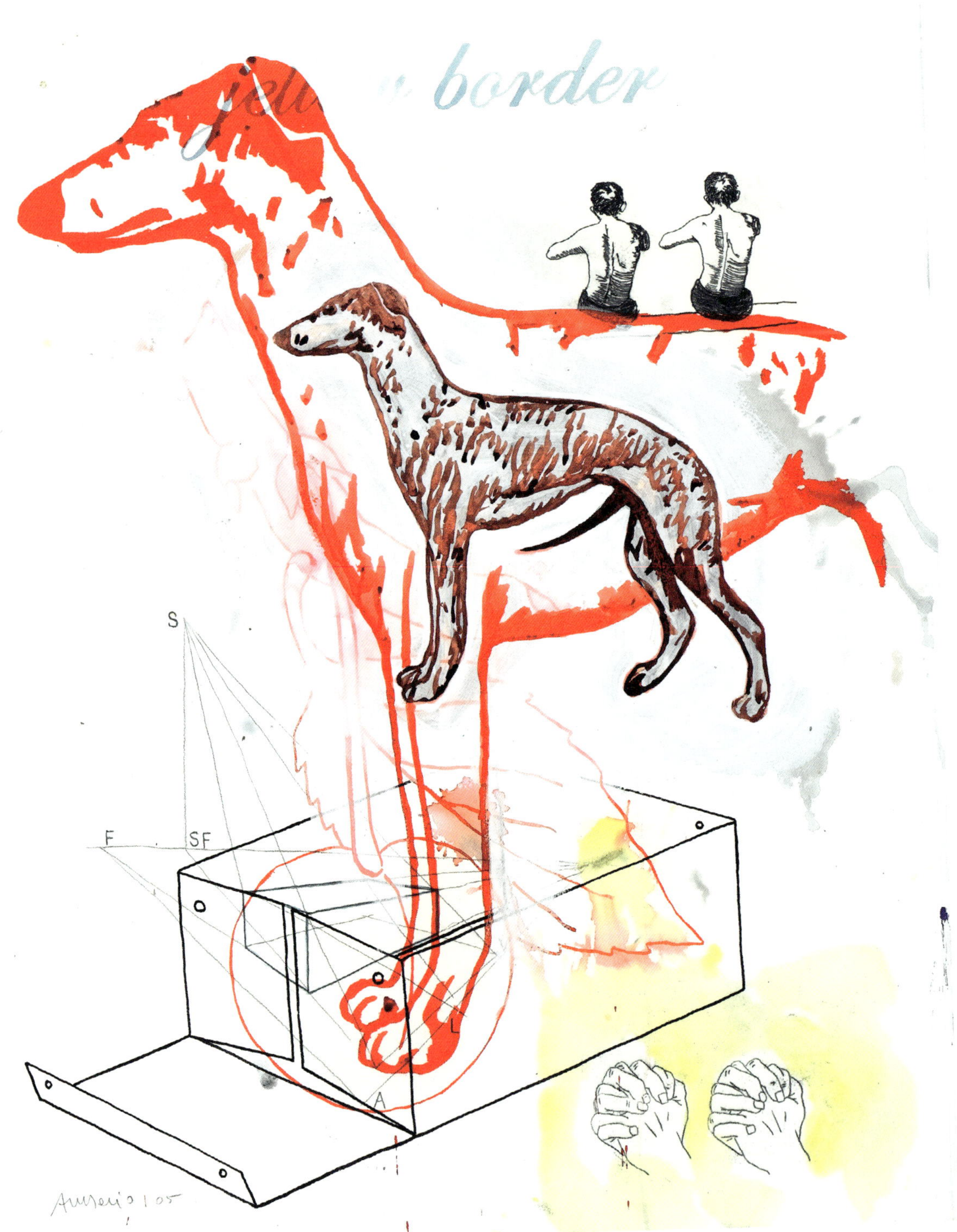

border
S
F   SF
L
A
Anseri 05

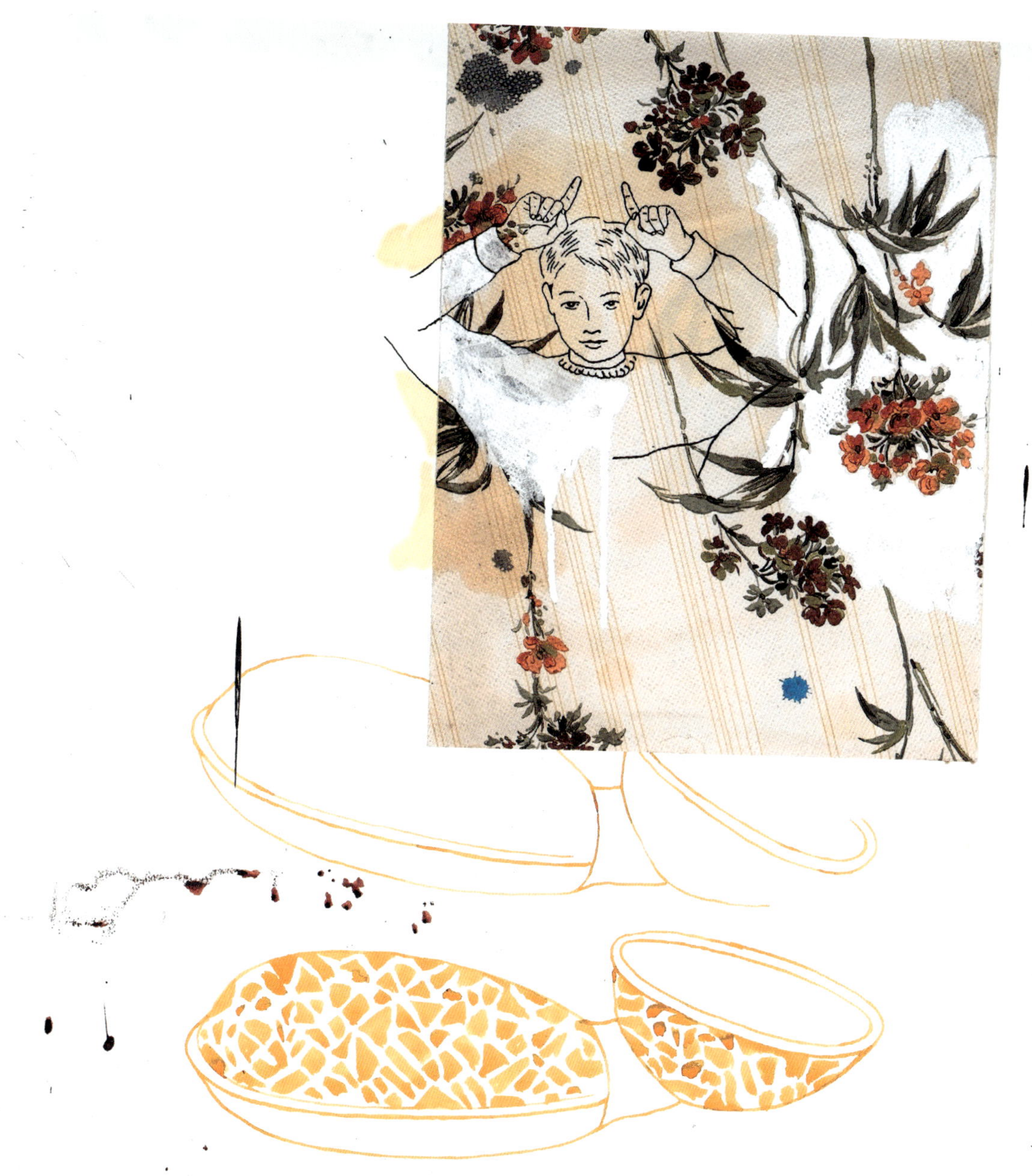

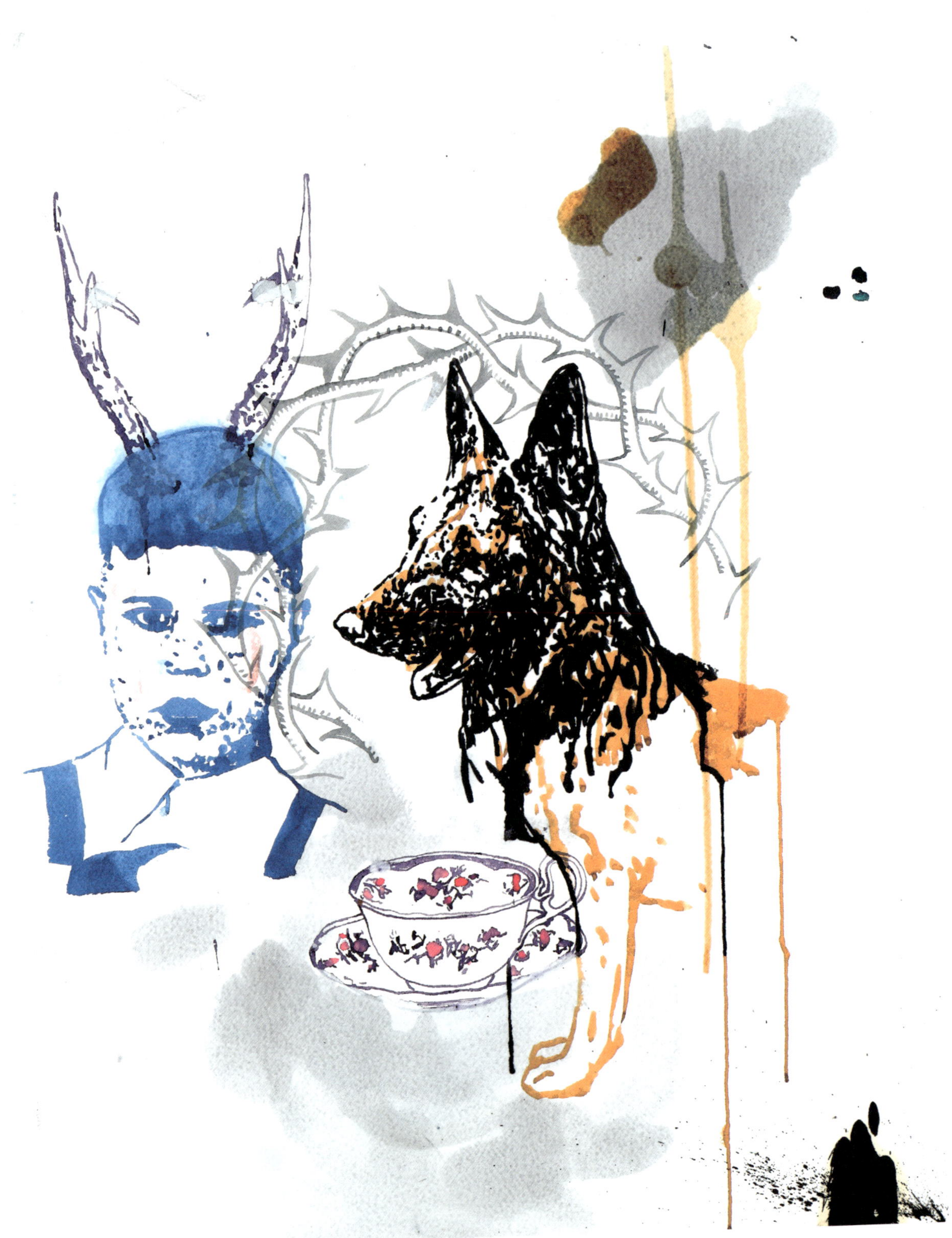

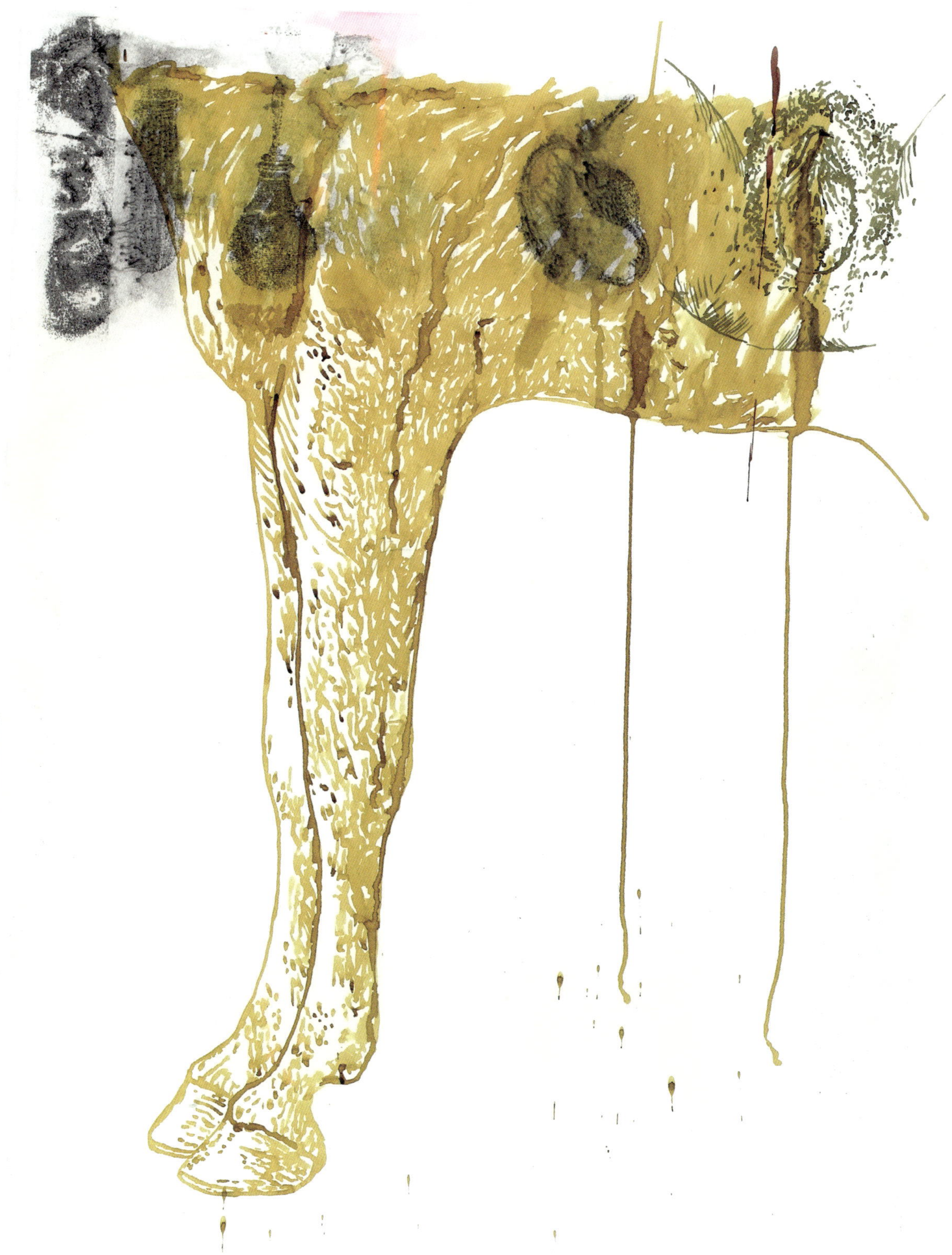

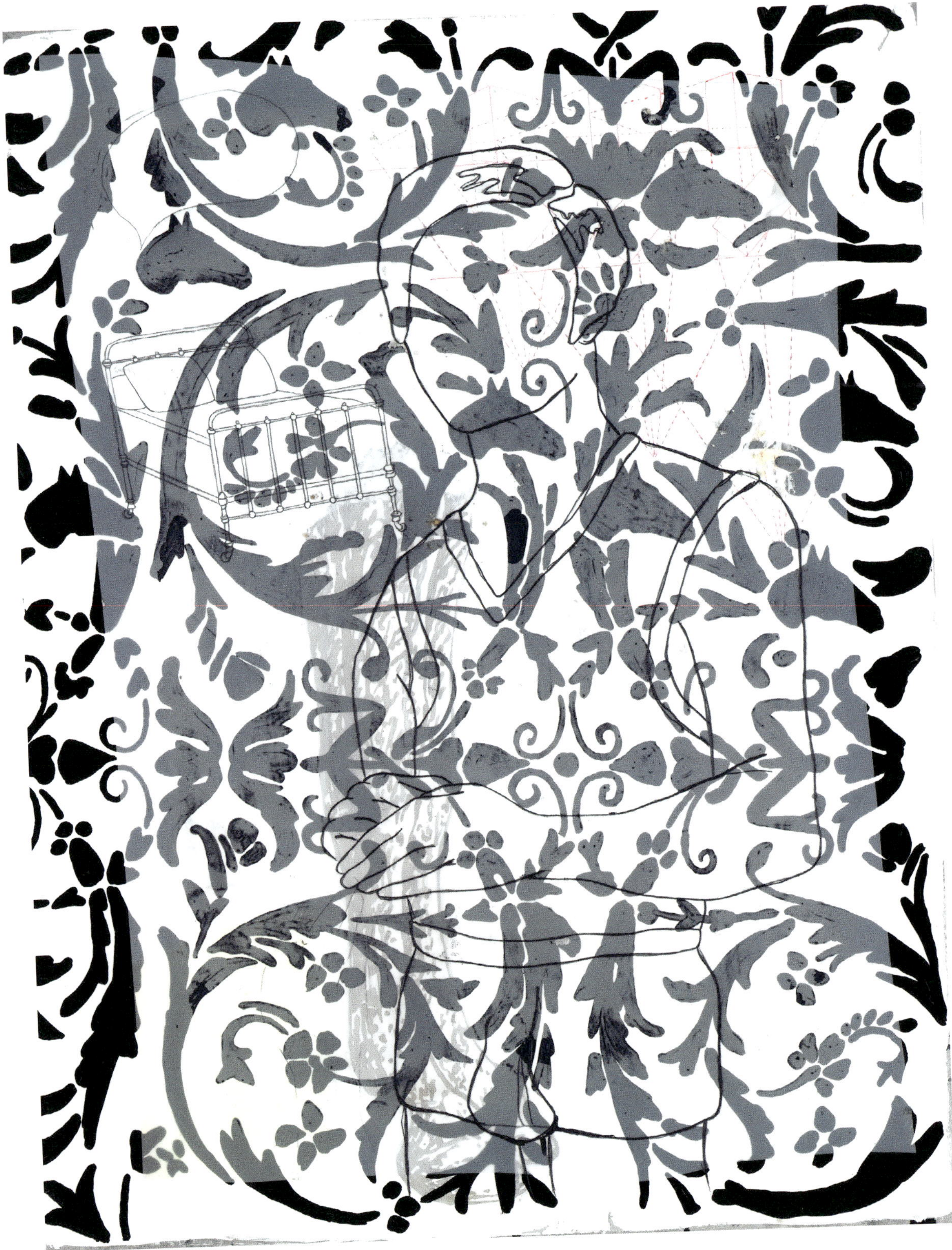

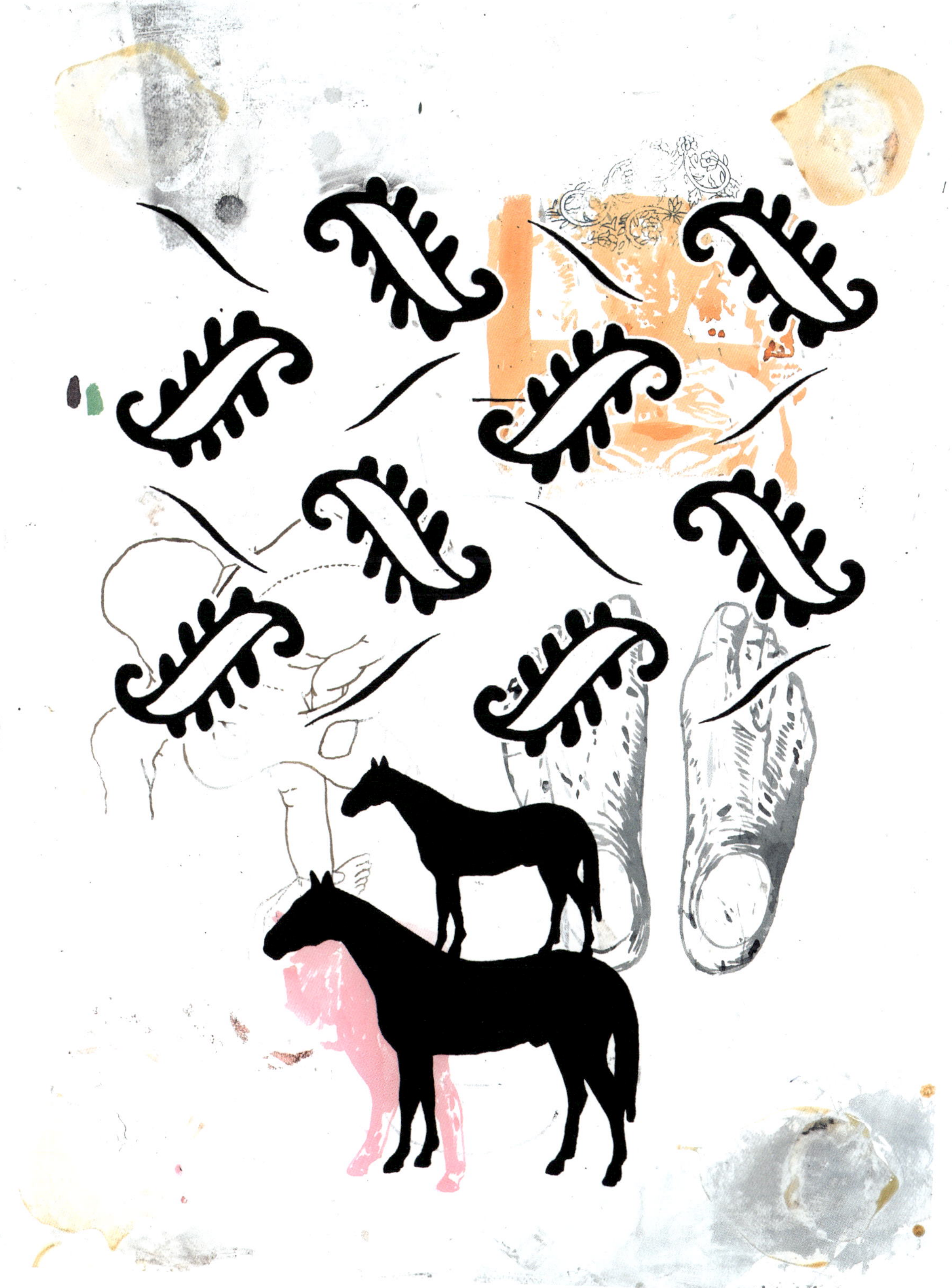

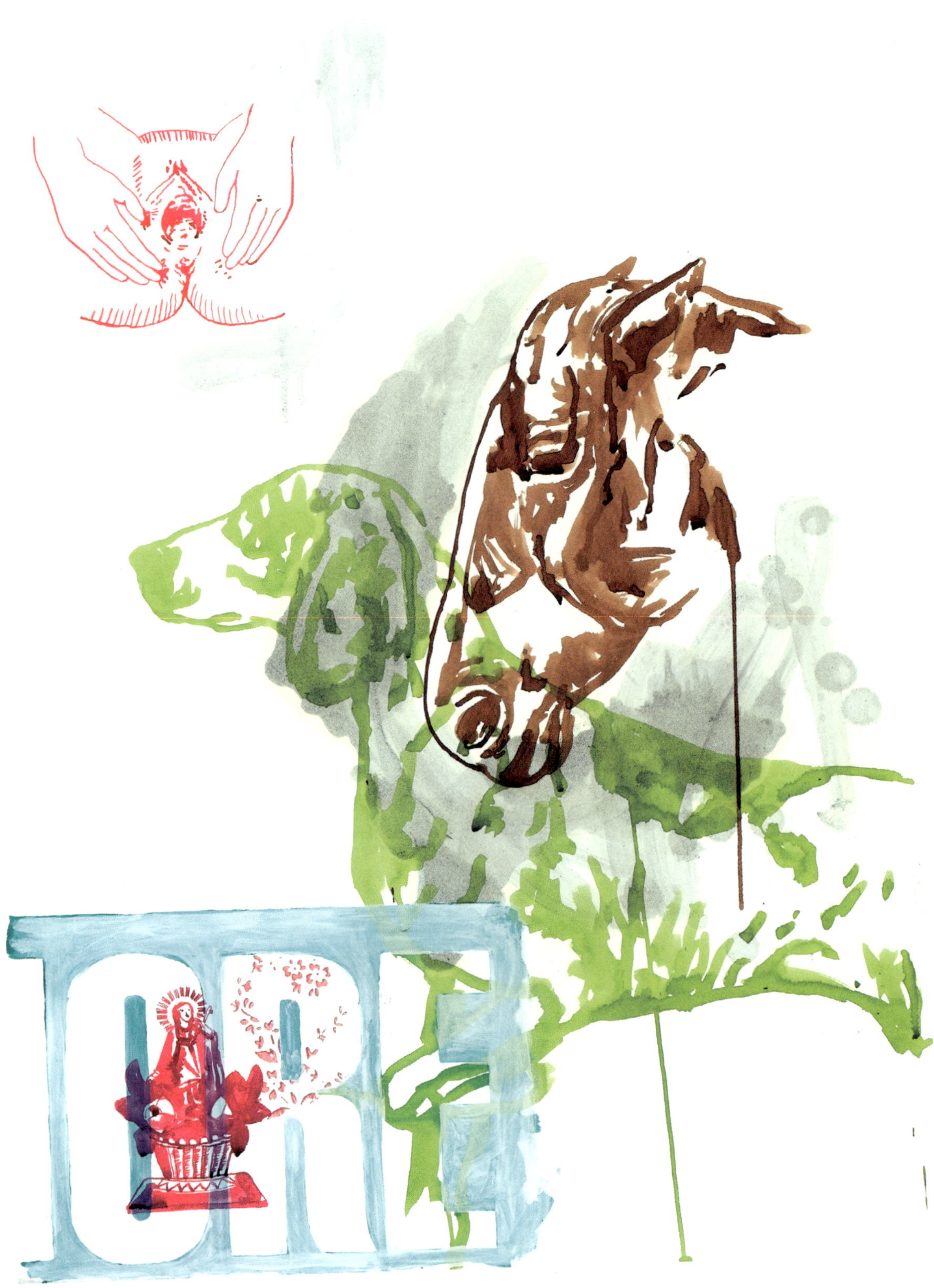

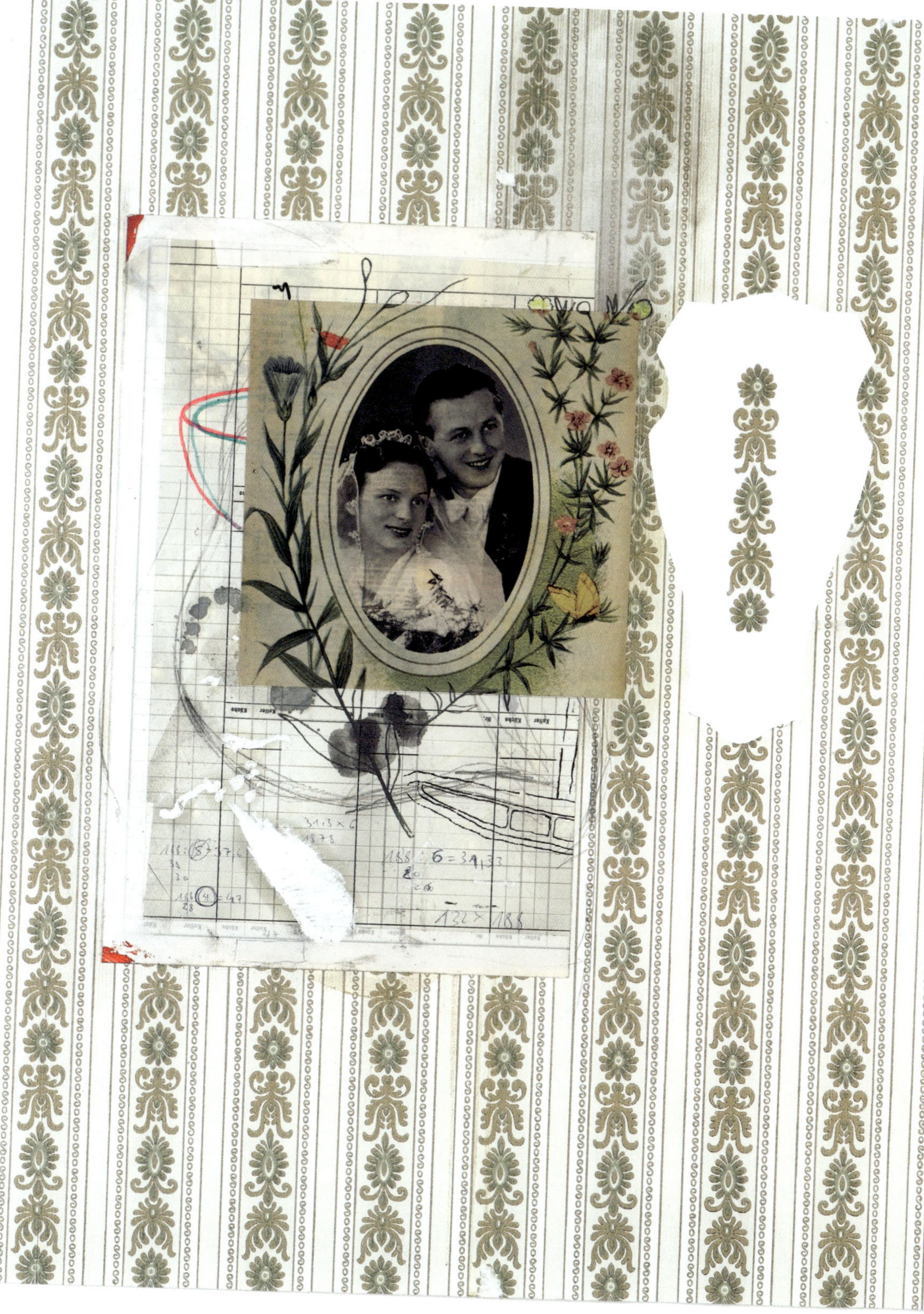

peak

perpetrate

lash

blame

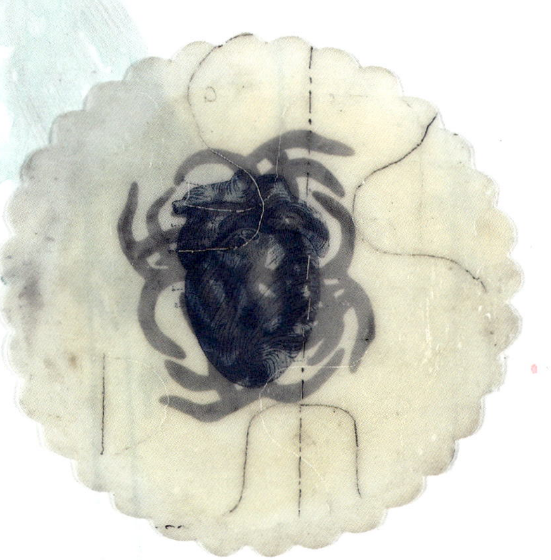

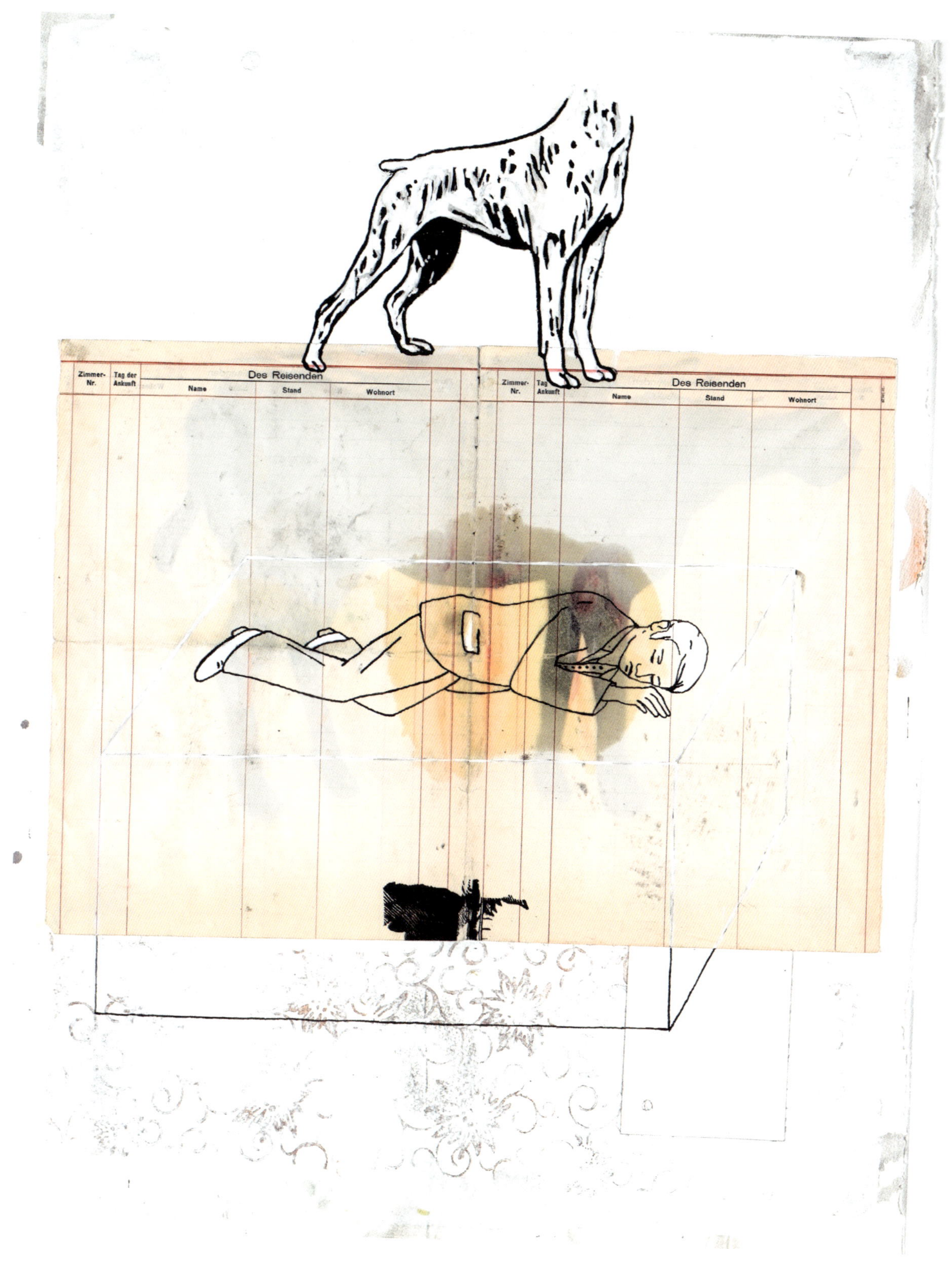

Zimmer-Nr.
Tag der Ankunft
Des Reisenden
Name
Stand
Wohnort
Zimmer-Nr.
Tag der Ankunft
Des Reisenden
Name
Stand
Wohnort

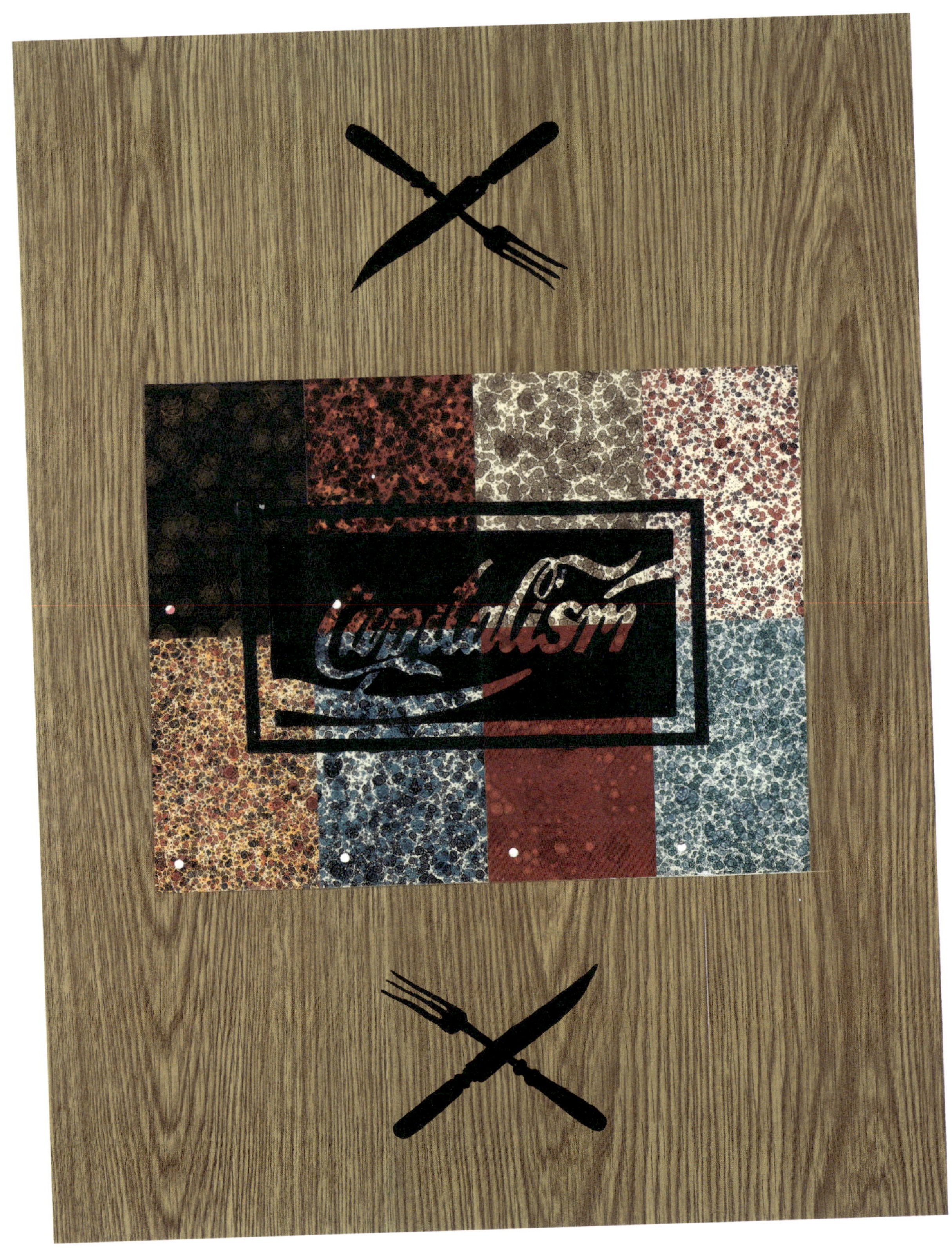

capitalism

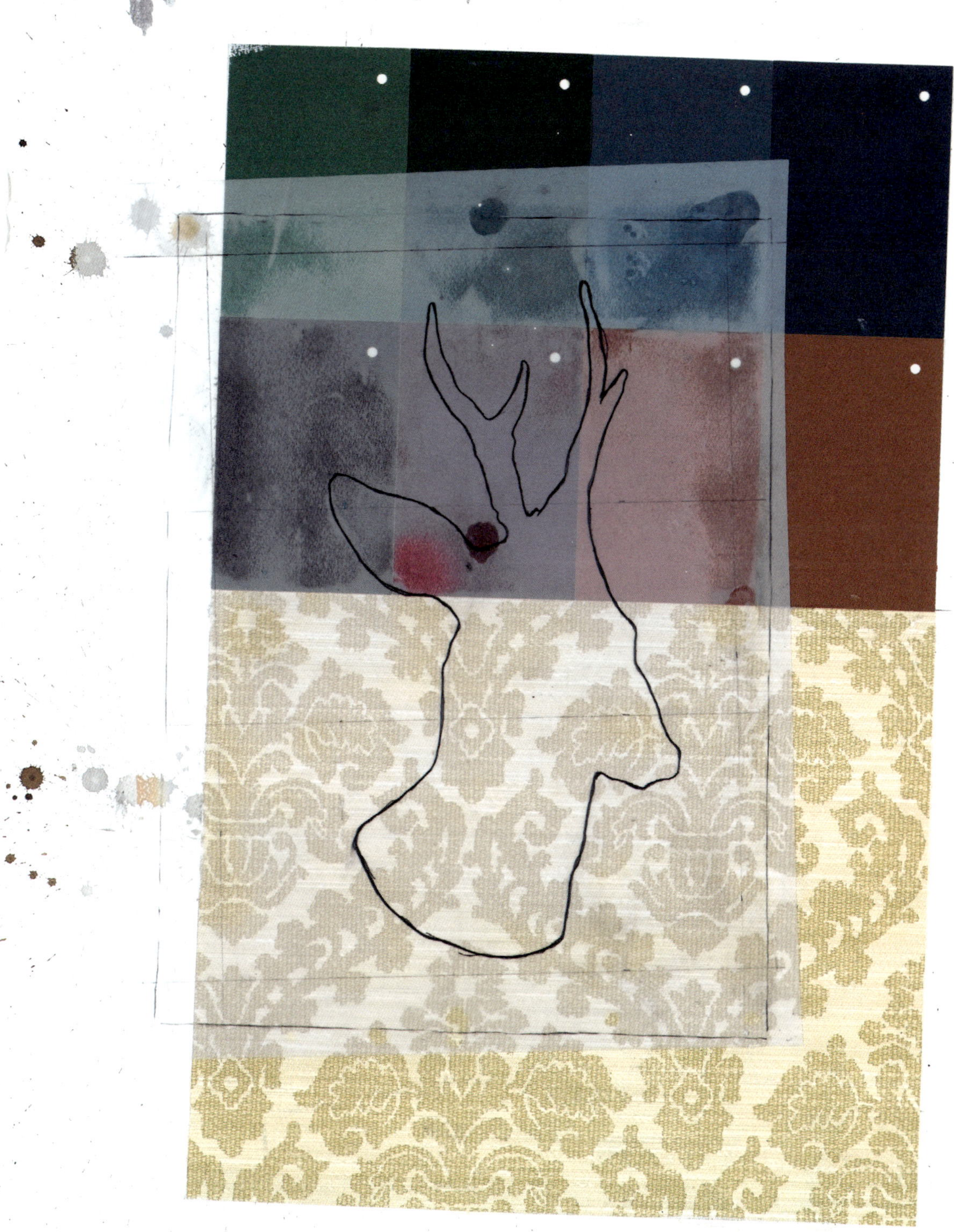

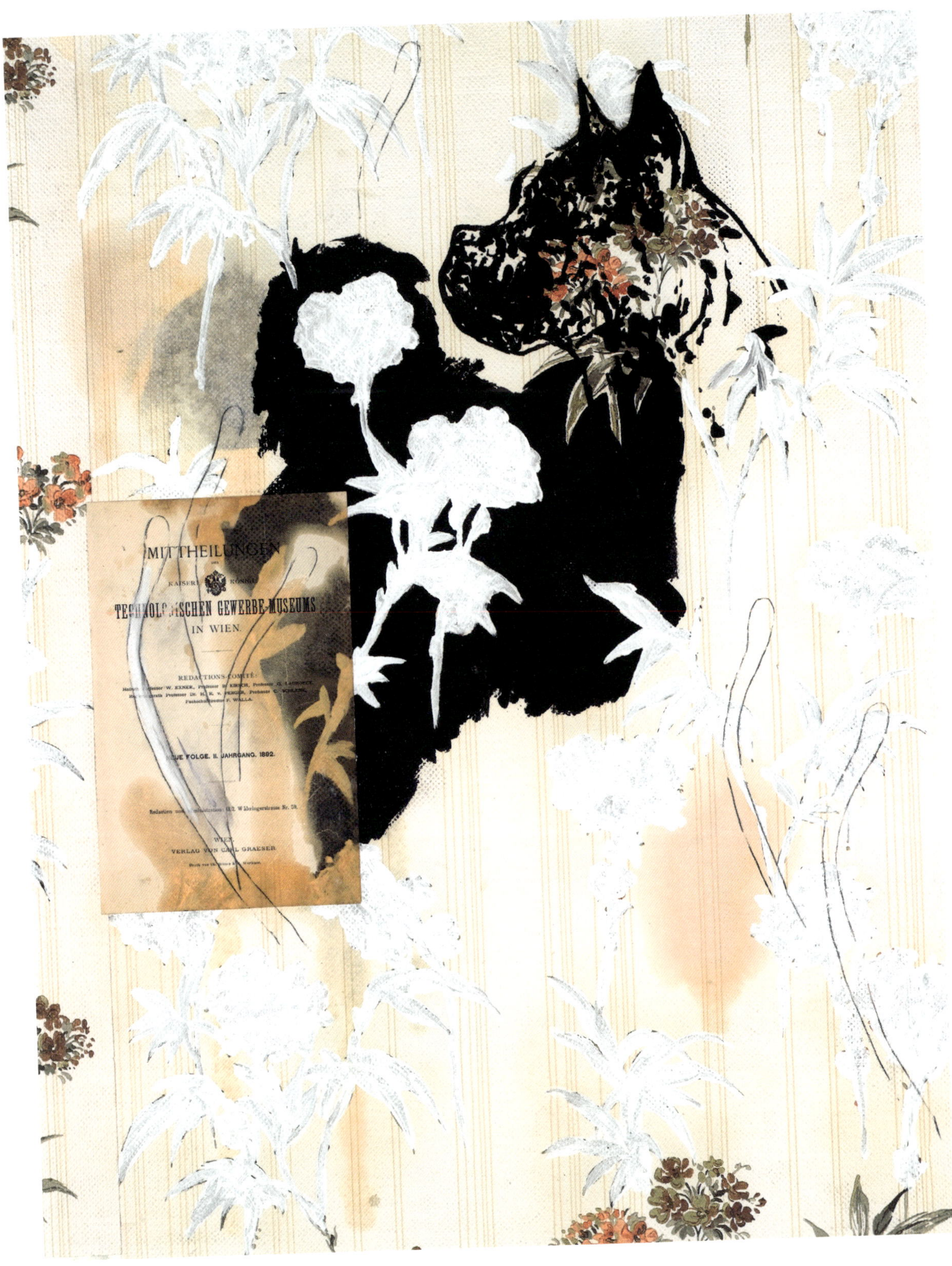
MITTHEILUNGEN
des
KAISERL. KÖNIGL.
TECHNOLOGISCHEN GEWERBE-MUSEUMS
IN WIEN.
REDACTIONS-COMITÉ:
Hofrath Professor W. EXNER, Professor B. KIRSCH, Professor G. LATROBCE,
Regierungsrath Professor Dr. H. R. v. PERGER, Professor C. SCHLENK,
Fachschuldirector F. WALLA.
NEUE FOLGE. II. JAHRGANG. 1892.
Redaction und Administration: IX/2. Währingerstrasse Nr. 59.
WIEN.
VERLAG VON CARL GRAESER.

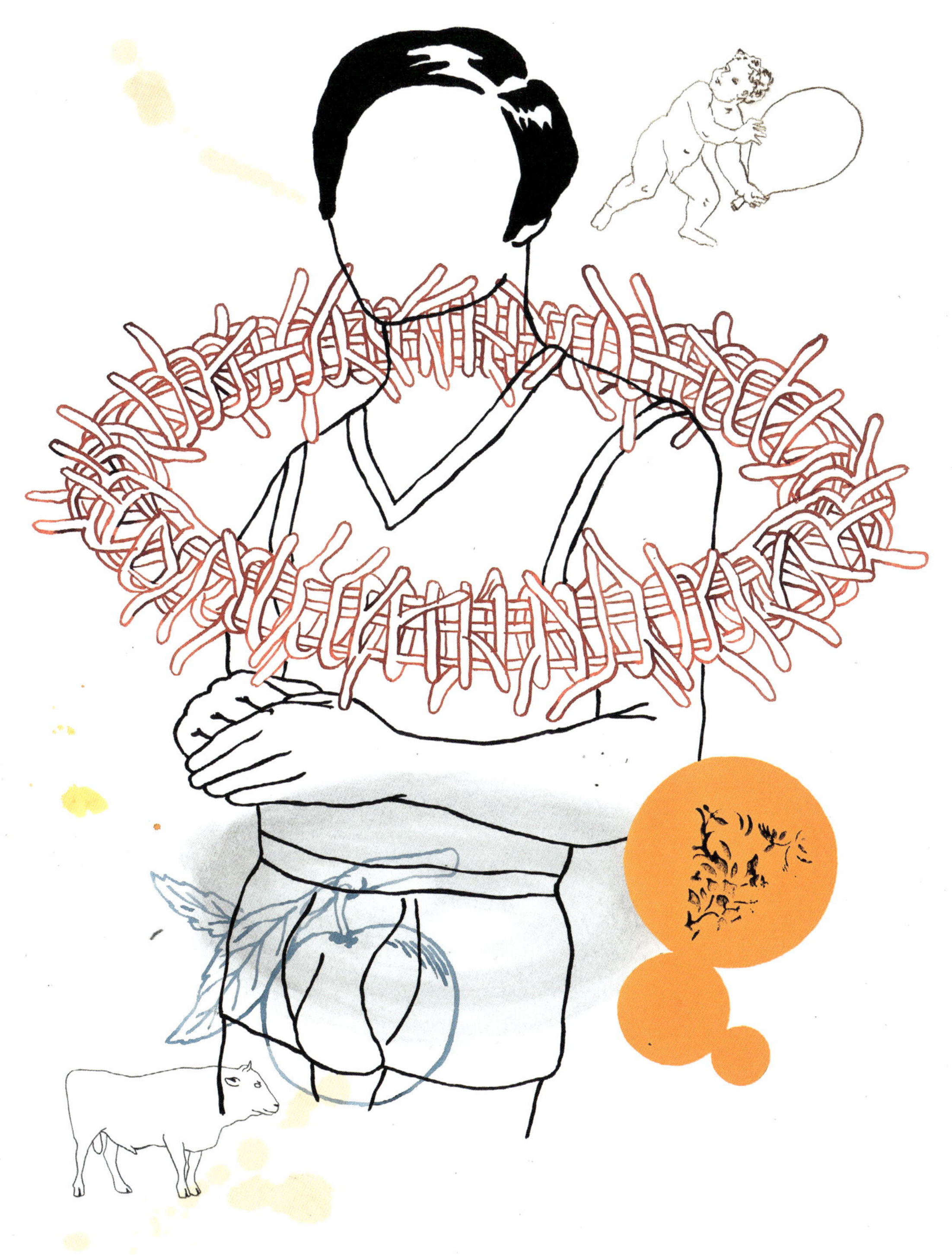

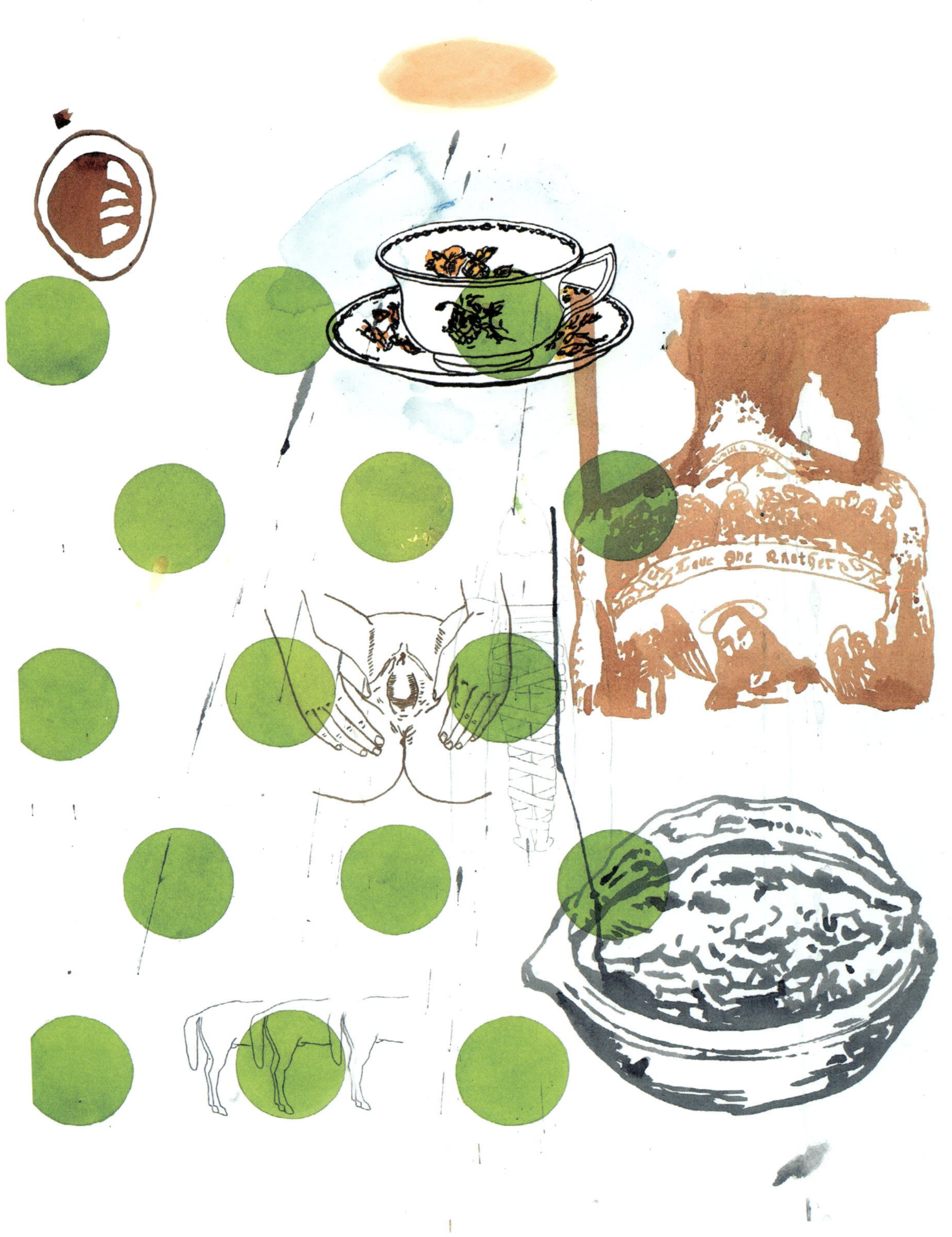
Love one another

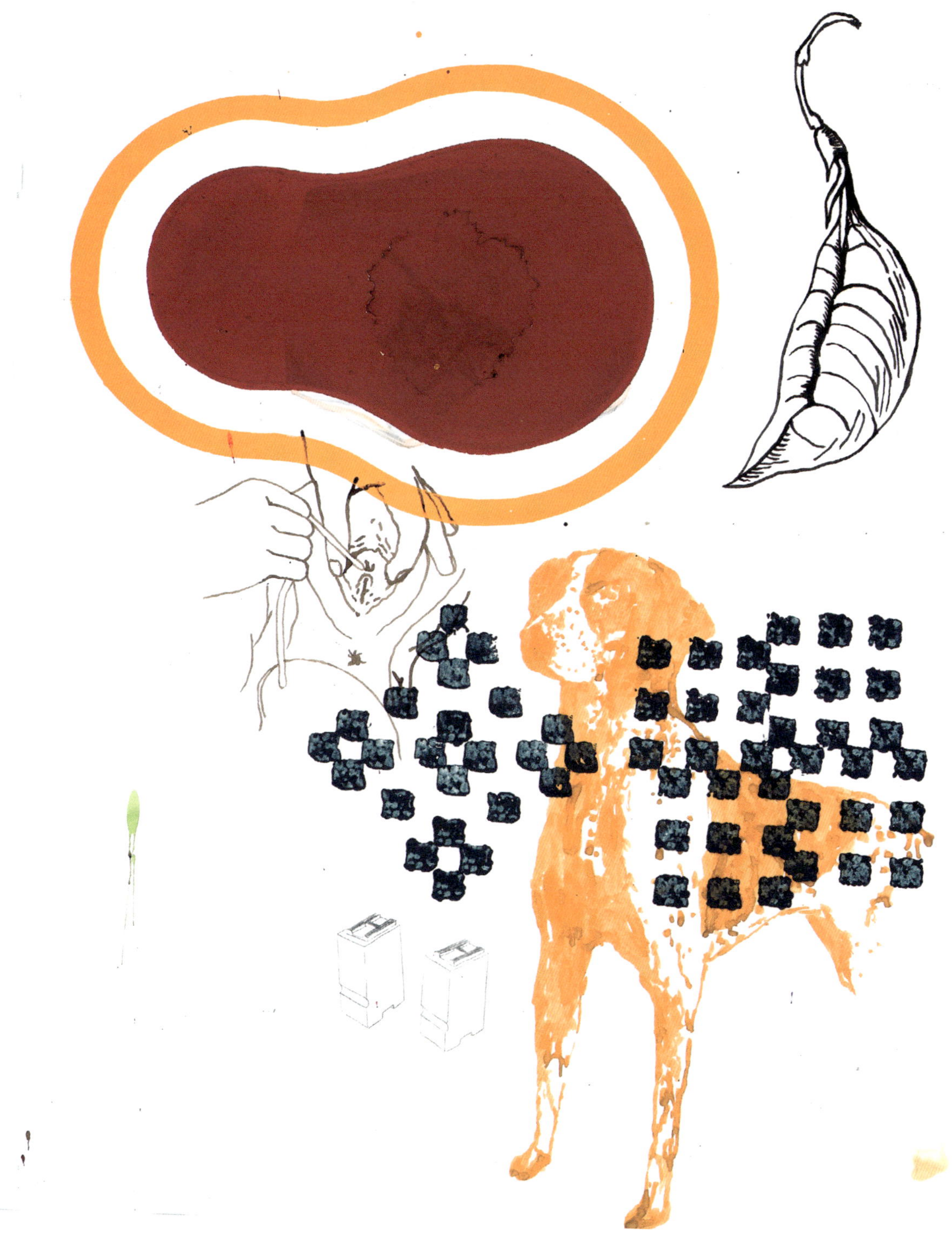

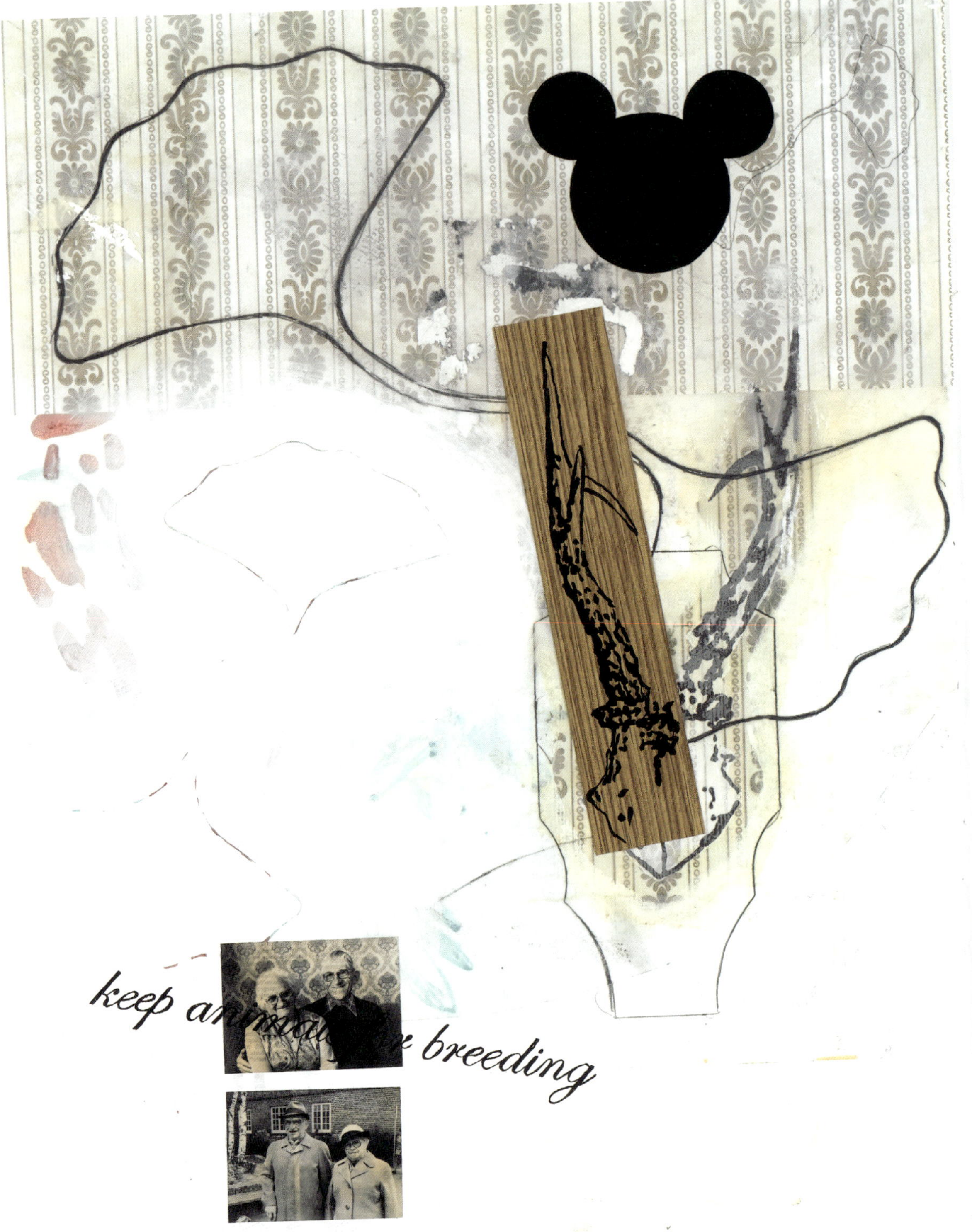
keep animals for breeding

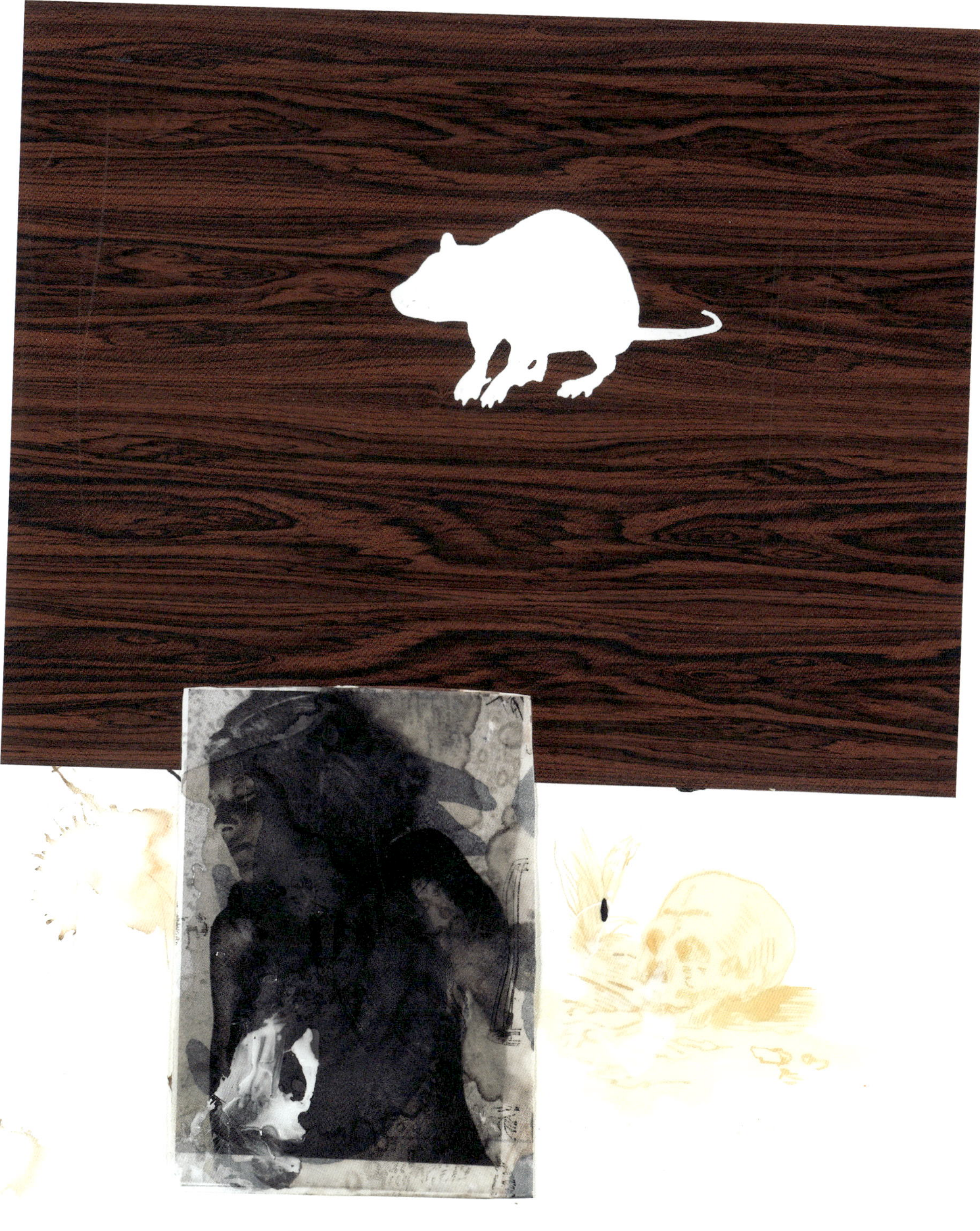

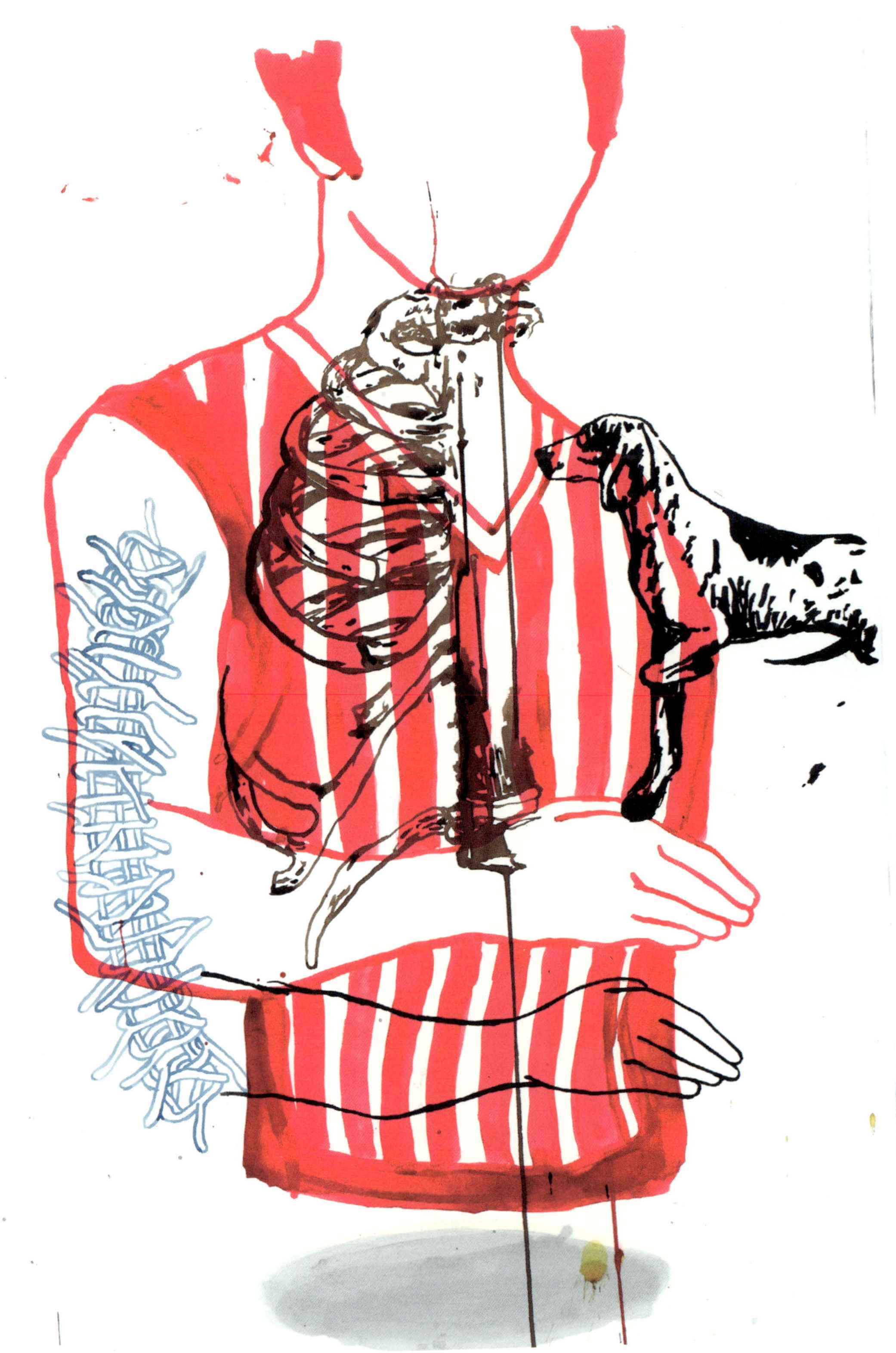

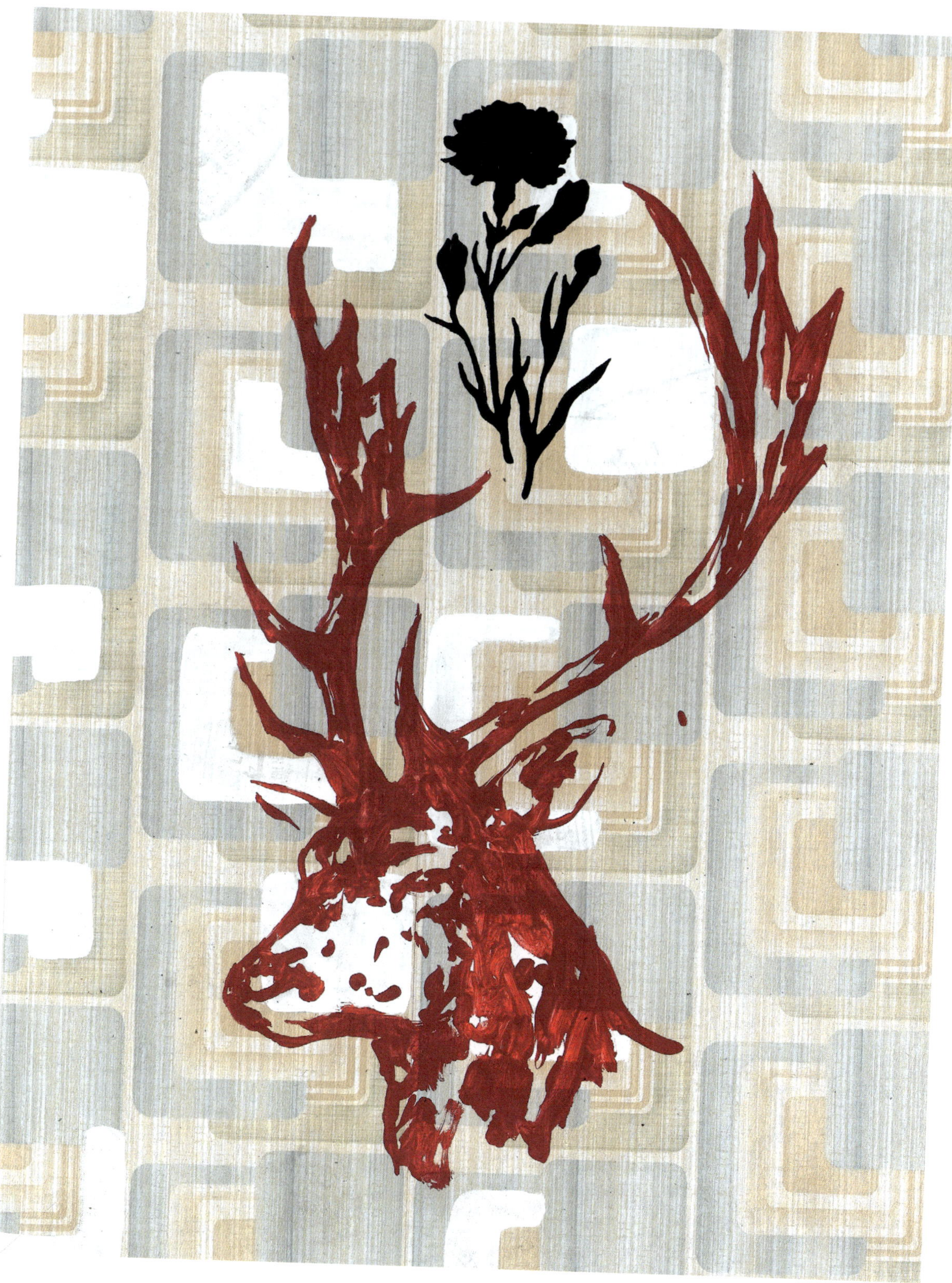

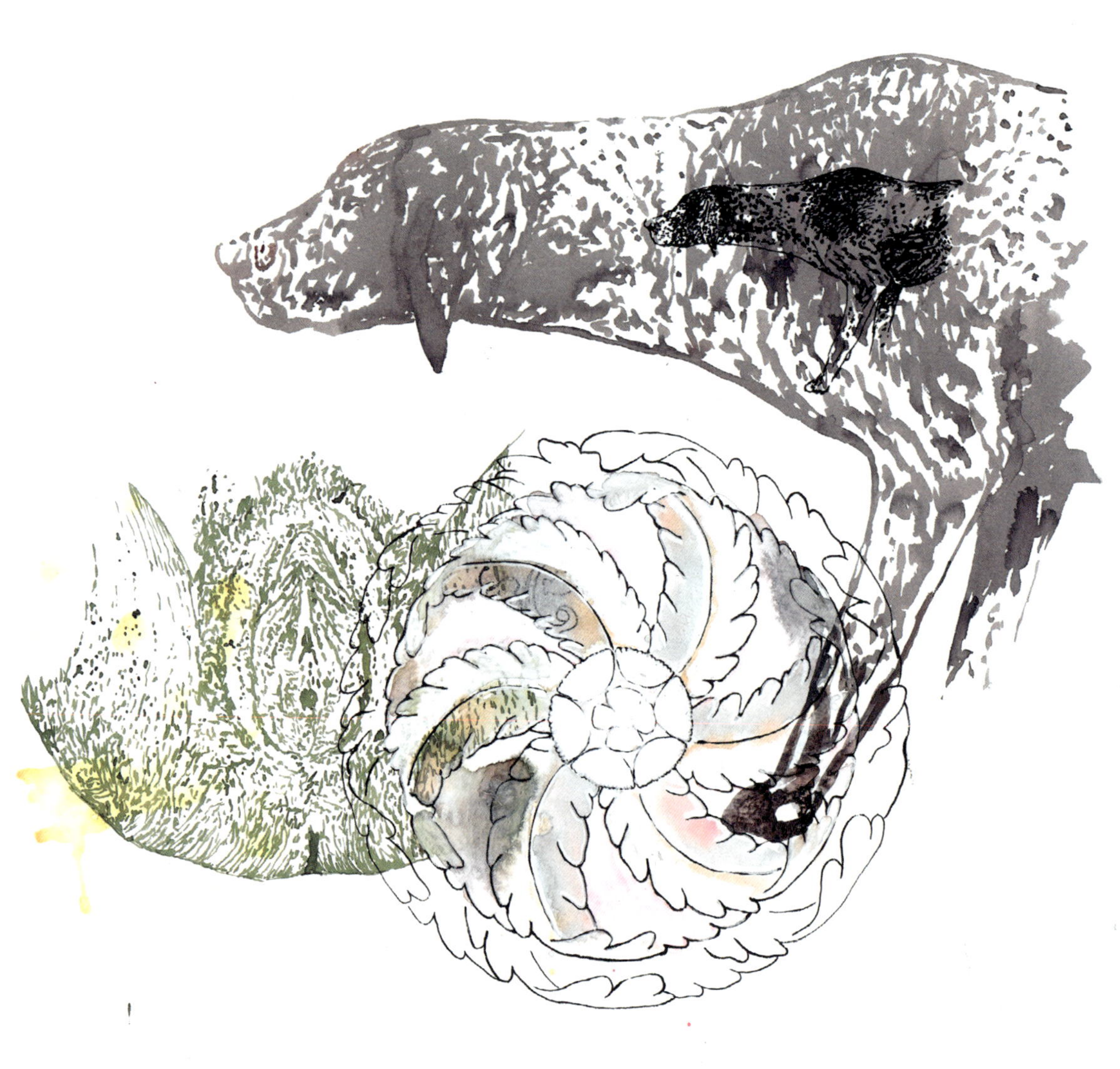

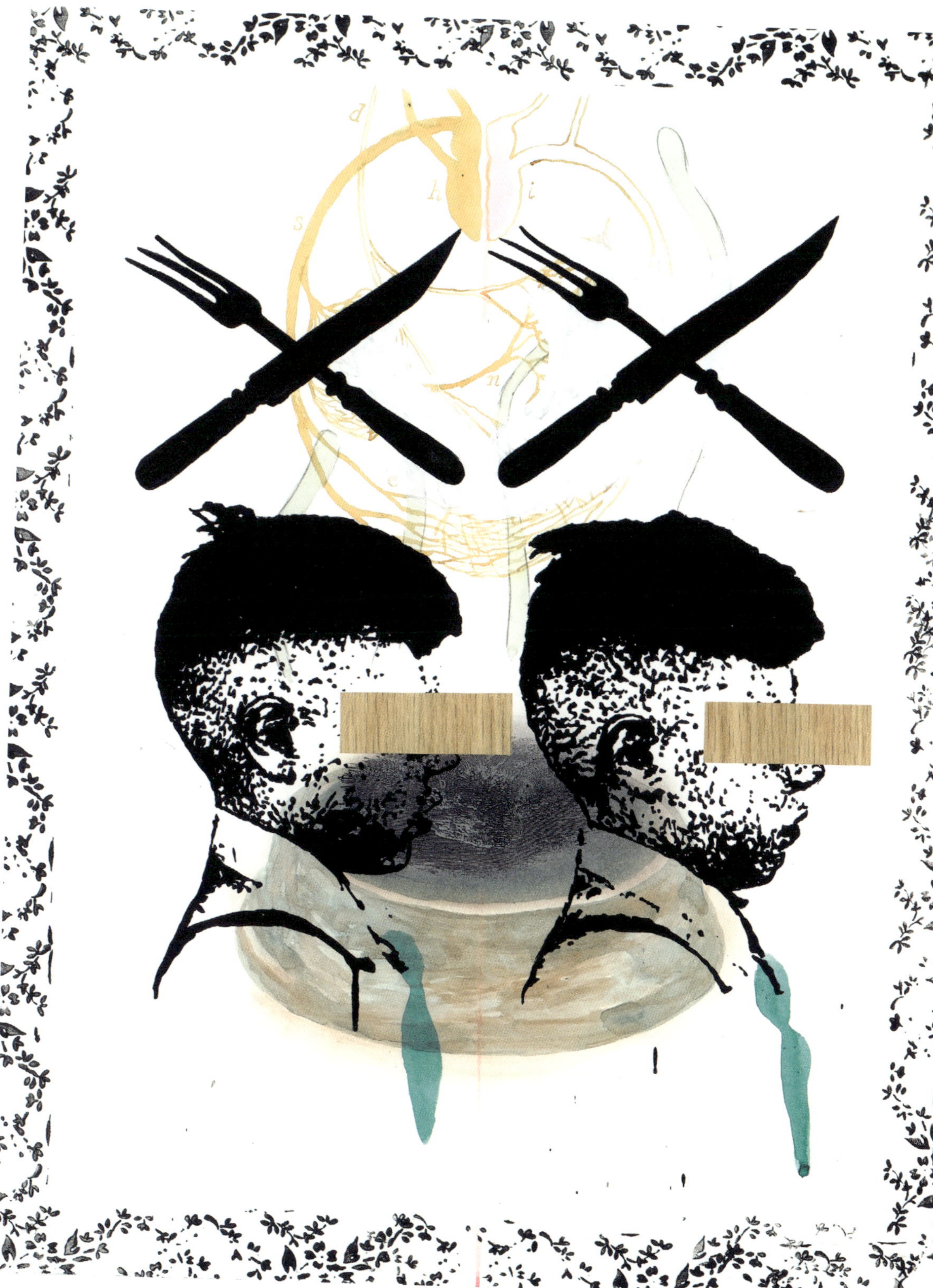

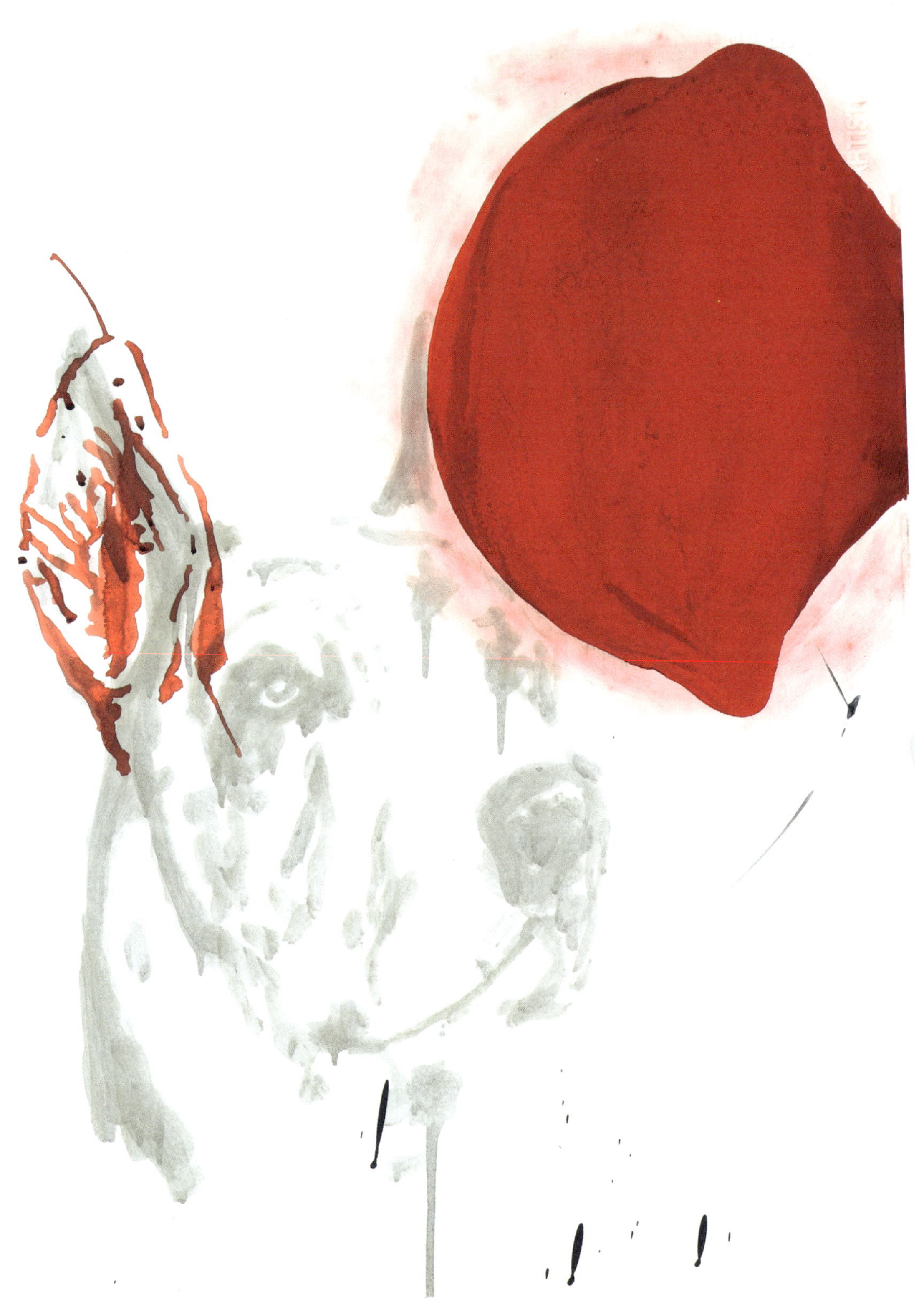

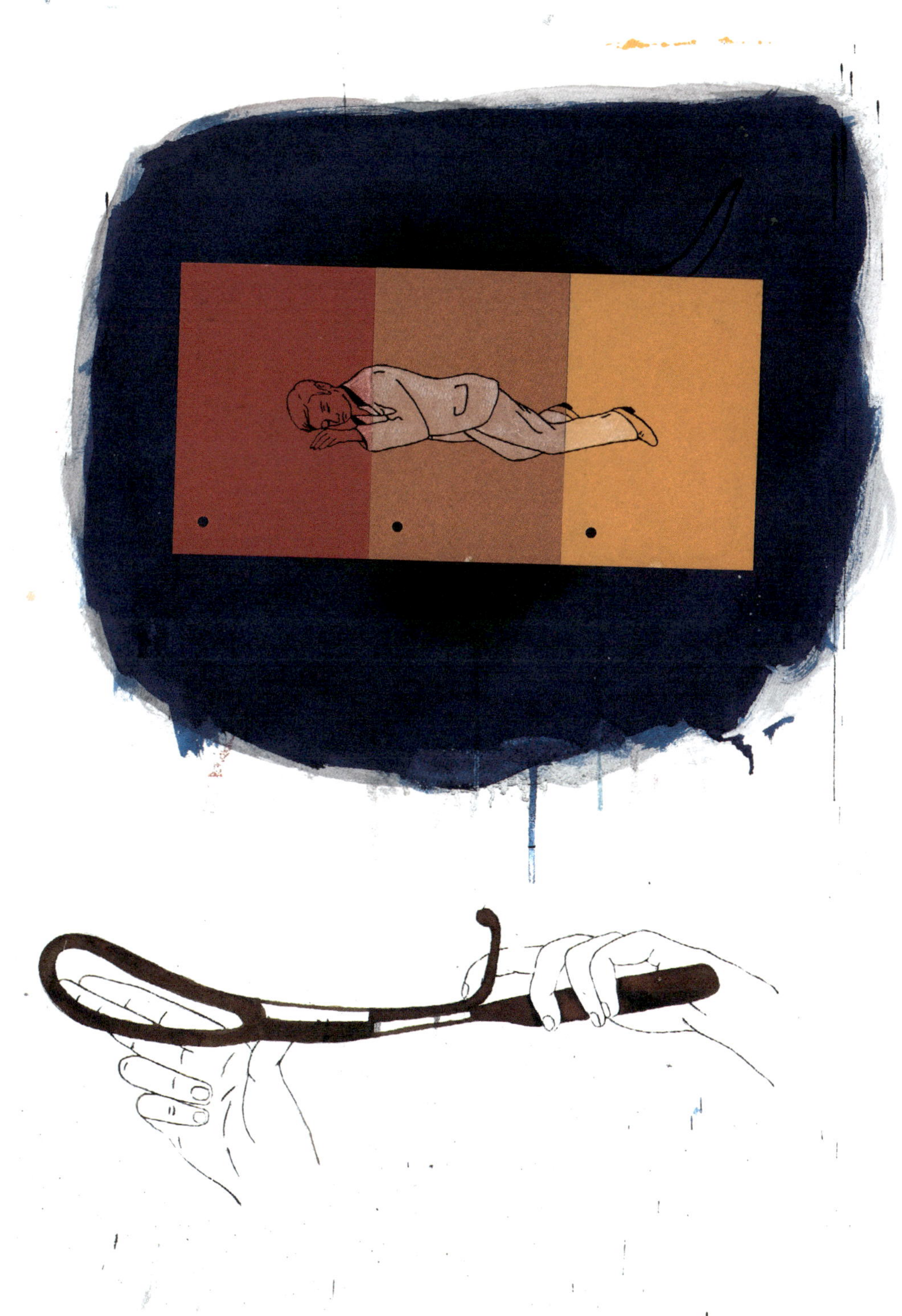

ARNOLD MARIO DALL'O

REPUBLIC OF WELCOME

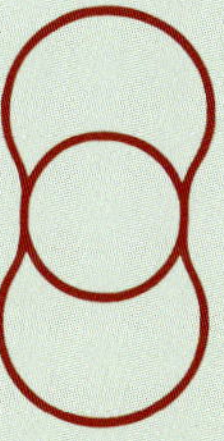

[DAMIANI]

REPUBLIC OF WELCOME

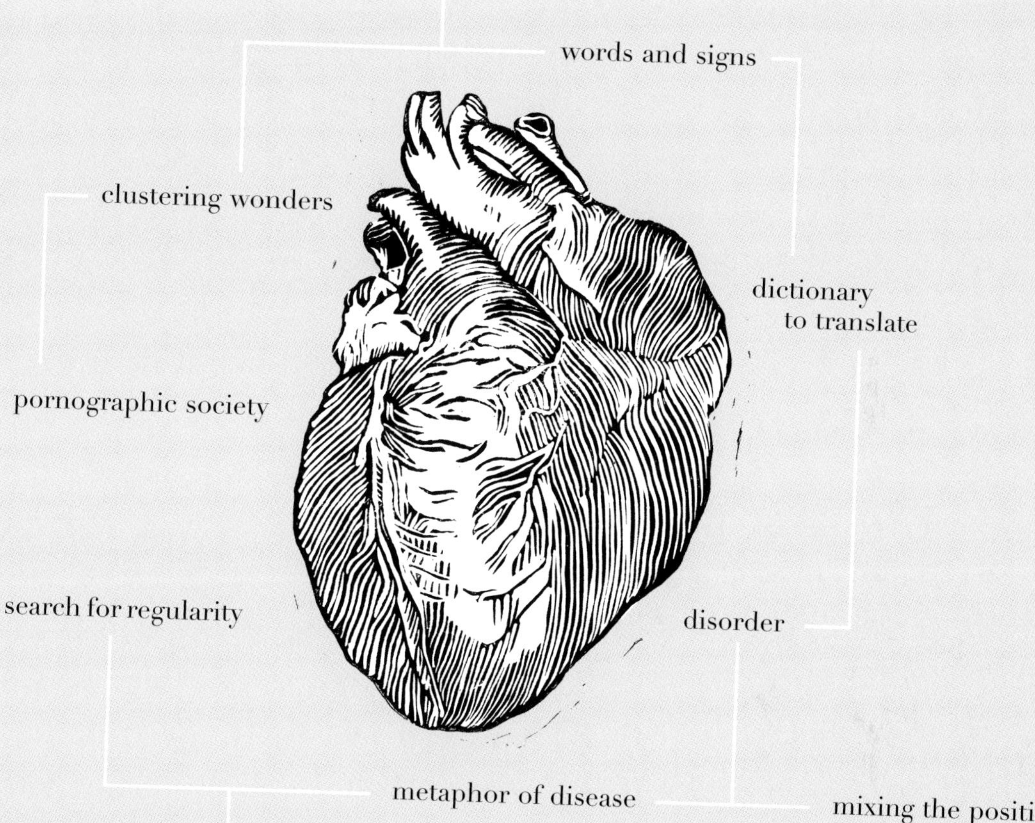

western files
words and signs
clustering wonders
dictionary
to translate
pornographic society
search for regularity
disorder
metaphor of disease
mixing the position
the archivist

Il lavoro di Arnold Mario Dall'O ha un principio assoluto e una forma variabile. Cerca di non disperdere la tradizione occidentale alle immagini, agli archivi, alla catalogazione, mentre nello stesso tempo introduce il disordine dell'arte, quella libertà associativa che crea *oggetti* nuovi da altri meglio conosciuti o anche quotidiani.

Genere prossimo e differenza specifica: la conoscenza del nostro mondo è ancora aristotelicamente a questi capisaldi. Se proviamo a mescolare queste posizioni abbiamo l'effetto dello straniamento, dell'alienazione. Abbiamo in pratica la condizione dell'artisticità, di una categoria di oggetti che prima non esistevano. E sono anche oggetti che hanno la proprietà di farci cambiare opinione sul mondo. E' come se la loro esistenza modificasse tutto il resto, anche le cose che conoscevamo da sempre e cui ormai eravamo abituati. Dopo, le vediamo in un modo diverso, nuovo, anche se non esattamente positivo.

Le accurate e sofisticate composizioni di Dall'O sono accumuli di meraviglie, alla maniera delle *Wunderkammer*, ogni suo lavoro è una piccola Ambras. Le parole che vi compaiono sono come delle etichette, delle didascalie, che illuminano l'abisso di una mancata corrispondenza tra le cose e i loro nomi. La regola del *non-sense* è l'unica che posa condurci ad affrontare una realtà nuova, non vi è alcun *als ob* che ci dia conforto. Dobbiamo sperimentare un nuovo linguaggio e non ab-

Die Arbeit von Arnold Mario Dall'O folgt einem absoluten Prinzip und einer variablen Form. Sie ist bemüht, die westliche Bild-, Archiv- und Katalogtradition nicht aufzugeben, während sie zugleich die Unordnung in die Kunst einführt jene assoziative Freiheit, die aus anderen, weniger bekannten oder auch alltäglichen, neue Objekte *schafft.* Genus proximus und differentia specifica: *Die Kenntnis, die wir von unserer Welt haben, ist immer noch aristotelisch in diesen Eckpfeilern begriffen. Wenn wir versuchen, diese Positionen zusammenzuführen, so ist der Effekt einer der Entfremdung, der Alienation. Und es sind auch Objekte, die die Eigenschaft haben, unsere Meinung über die Welt zu verändern. Es ist, als ob ihr Existieren alles andere modifizierte, auch die Dinge, die wir seit jeher kennen und an die wir nunmehr gewohnt sind. Danach sehen wir sie anders, neu, wenn auch nicht gerade positiv.*

Die genauen und raffinierten Kompositionen Dall'Os sind Ansammlungen von Staunenswertem, in der Art der Wunderkammer, *jede seiner Arbeiten ist ein kleines Ambras. Die Wörter, die darin auftauchen sind wie Etiketten, Bildunterschriften, die den Abgrund einer verfehlten Übereinstimmung zwischen den Dingen und ihren Namen zu erhellen suchen. Die Regel des* non sens *ist die einzige, die uns gestattet, einer neuen Realität zu begegnen; es gibt kein als ob, das uns trösten könnte. Wir müssen eine neue Sprache wagen, und wir haben kein Wörterbuch, um das, was wir sehen, in das zu übersetzen, was wir wis-*

Arnold Mario Dall'O's work is absolute in principle and variable in form. He tries not to throw out the western tradition of images, archives and cataloguing, but at the same time introduces the disorder of art, the freedom of association by which new *objects* are created out of other better-known, even everyday material. Proximate genus and specific difference: knowledge in our world is still Aristotelianly anchored to these cornerstones. If we try mixing the positions, we gain the effect of estrangement, alienation. In practice we have the condition of artisticity, a category of objects that used not to exist. They are also objects whose property it is to make us change our opinion of the world. It is as though the fact of their existing changed all the rest, even what we have always known and grown accustomed to. Afterwards we see things in a new and different, and not exactly positive, light. Dall'O's careful, sophisticated compositions are clustering wonders, *Wunderkammer*: each work an Ambras in miniature. The words that appear are like labels, captions, shedding light on the dark gulf where things and their names fail to correspond. Only the rule of non-sense can lead us to face a stark new reality where we can expect no consolatory als ob. We must experiment with a new language; we have no dictionary to translate what we

biamo un dizionario per tradurre quello che
vediamo in quello che sappiamo. Parole e
immagini sono messe sullo stesso piano in
quanto sono tutte e due forme del visibile.
I significati originari non sono indispensabili,
anzi sono appena sopportabili. Perché costituiscono la base di un nuovo senso che parte
da associazioni e ripetizioni sempre diverse.
Dall'O è un autentico ricercatore, ma
quest'attività scaturisce dalla constatazione
che tutto esiste: bisogna solo metterlo assieme
e rileggerlo infinite volte. L'archivista alla fine
raccoglie, ma una volta riunite vecchie stampe
e nuove fotografie, segni e simboli, tutto si
trasforma in documento.
La ricerca diventa la possibile combinazione
tra elementi distanti tra loro per origine e
per scopo. Naturalmente in questo gioco
di accostamenti, l'artista fa rivelare la capacità
delle combinazioni di rivelare l'inatteso.
Le composizioni così assumono aspetti di
rottura e regolarità in cui tutti gli elementi,
disposti secondo regole compositive sempre
ineccepibili, sembrano assumere ruoli diversi.
I *files occidentali* dispensano la loro memoria,
ma lo fanno in modo apparentemente disordi-
nato. In effetti, cercano di uscire dal tempo del
passato e si aprono su di un eterno presente.
Dall'O raramente interviene in modo provoca-
torio e pesante. Anzi. Probabilmente due
aspetti sono da mettere in particolare evidenza
nel suo lavoro: la ricerca di regolarità e di
pattern e l'onnipresenza della pornografia.

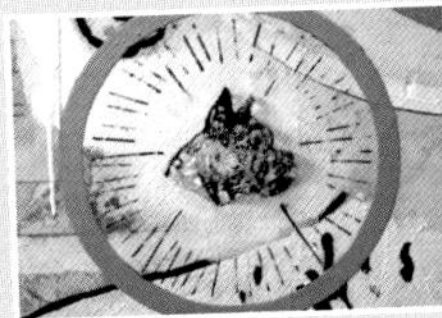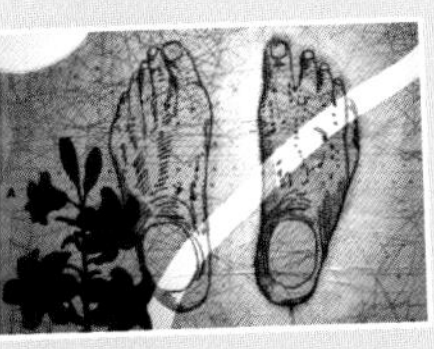

sen. Wörter und Bilder werden auf dieselbe Ebene gehoben, als zwei Formen des Sichtbaren. Die ursprünglichen Bedeutungen sind nicht unabdingbar, im Gegenteil: sie sind kaum erträglich. Denn sie bilden die Basis für einen neuen Sinn, der von immer neuen Assoziationen und Wiederholungen seinen Ausgang nimmt.

Dall'O ist ein authentischer Forscher, doch diese Aktivität entspringt der Feststellung, dass alles existiert: man muss es nur zusammenfügen und unzählige Male neu lesen. Der Archivar ist letztlich ein Sammler, doch hat er einmal die alten Drucke und die neuen Fotografien, die Zeichen und die Symbole akkumuliert, verwandelt alles sich in ein Dokument. So geht es um das Erforschen der möglichen Kombination zwischen einzelnen Elementen, die einander in Ursprung und Zweck fremd sind. In diesem Spiel der Annäherungen offenbart der Künstler ganz natürlich die Fähigkeit der Kombinationen zur Enthüllung des Unerwarteten. So können die Kompositionen die Gestalt von Bruch und Regelmäßigkeit annehmen, wobei den einzelnen Elementen, angeordnet nach stets einwandfreien Kompositionsprinzipien, verschiedene Rollen zukommen. Die Western files setzen ihren Speicher frei und öffnen sich auf eine unendliche Gegenwart. Dall'O greift selten auf provokatorische und gewichtige Weise in den Prozess ein. Im Gegenteil. Wahrscheinlich sind dies zwei Aspekte in seiner Arbeit, die besonders zu unterstreichen wären: die Suche nach Regelmäßigkeiten und Patterns und die Allgegenwart der Pornographie.

see into what we know. Words and pictures are put on one and the same plane, both being forms of the visible. The original meanings are not indispensable – indeed, are scarcely bearable. For they form the basis of a new meaning stemming from ever-changing associations and repetitions. Dall'O is set upon an authentic quest, but his work springs from the realization that everything exists: one has but to put it together and work it over, time and again. When it comes to it, the archivist is a collector; but once collected – old prints and new photos, signs, symbols - , all transforms into a document. The quest is how to combine factors remote by origin and purpose. In this game of juxtaposition, the artist naturally brings out the ability of combinations to reveal the unexpected. The compositions thus gain features of discontinuity and regularity in which all the factors, arranged impeccably by the rules of composition, seem to take on new and different roles. The western files dispense the memories they hold, but do so in an apparent jumble. They seek to slough off their past and embark on an eternal present. Dall'O rarely steps in overtly with provocative intent. The reverse, if anything. Two sides of his work should probably be highlighted in particular: the search for regularity, for pattern; and the all-pervasiveness of pornography.

La regolarità è ripetizione, consolatoria e
affascinante. Ciò che è sempre uguale a se
stesso dà serenità, se non gioia, è una specie di
condizione necessaria, ma non sufficiente per
la felicità. E' quello che affascina e dà ordine
alla vita. Le decorazioni sono l'aspetto della
regolarità visiva che l'uomo ha sempre cercato
fino alla nausea, come se tutte le arti tendesse-
ro al Biedermeier, ad un gusto borghese e
appiccicoso come una carta da caramelle.
Arnold Mario Dall'O da buon *mitteleuropeo*
conosce bene come la decorazione sia un
eccesso compiuto spesso da quelle persone
che pensano di essere normali e misurate.
Per cui ad un'esigenza antropologica di fondo,
la regolarità aiuta a conoscere e favorisce
psicologicamente la visibilità dello spazio
umano, se ne affianca una legata al gusto
borghese per l'ovvio e lo scontato. Se tutto si
ripete vuol dire che il mondo è eterno.
Esattamente quel mondo per bene e borghese
che riempie le case e i luoghi pubblici di uno
stucchevole senso comune.
Su questo pattern si può parlare a lungo,
perché è come la canzone della vita. Elementi
naturalistici (cani, cervi) o astratti (linee, punti)
costituiscono l'addolcimento dello sguardo,
l'edulcorazione degli occhi. Con un istinto di
tenero cinismo, possiamo dire che sono la
carta moschicida che avvicina lo spettatore
all'opera. Si resta attratti, ipnotizzati dalla
formula del sempre uguale a se stesso più volte
ripetuto. Del resto proprio l'ipnosi si basa

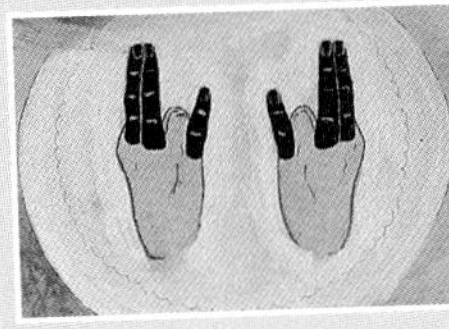 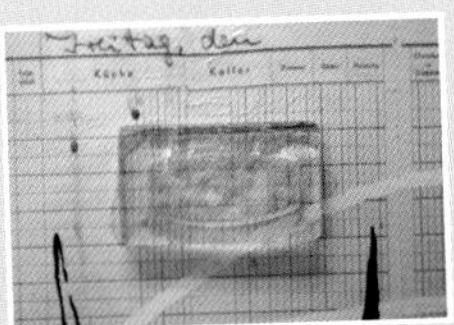

Die Regelmäßigkeit ist Wiederholung, tröstlich und faszinierend. Das, was sich immer gleich bleibt, sorgt für gute Laune, wenn nicht gar für Heiterkeit, es ist eine Art notwendige Bedingung, doch nicht ausreichend zum Glück. Es ist das, was fasziniert und dem Leben Ordnung gibt. Die Dekorationen sind der Aspekt der visuellen Regelmäßigkeit, nach der der Mensch bis zum Überdruss immer gestrebt hat, als ob alle Künste zum Biedermeier tendierten, zu einem bürgerlichen Geschmack, klebrig wie Zuckerlpapier. Arnold Mario Dall'O, als guter Mitteleuropäer, weiß nur zu genau, dass die Dekoration ein Exzess ist, dem sich oft gerade jene Personen hingeben, die sich für normal und gemäßigt halten. Weshalb die Regelmäßigkeit einem grundlegenden anthropologischen Bedürfnis genügt, sie trägt zur Erkenntnis bei und dient psychologisch der Sichtbarkeit des menschlichen Raums. Ihr zu Seite steht eine Regelmäßigkeit nach bürgerlichem Geschmack: für das Offensichtliche und das Vorhersehbare. Wenn alles sich wiederholt, so heißt das, dass die Welt unendlich ist: just diese bürgerlich-rechtschaffene Welt, die die Häuser und die öffentlichen Orte mit einem öden Gemeinsinn überzieht. Über diese Muster ließe sich lange reden, sie sind wie das Lied des Lebens. Naturalistische (Hunde, Hirschen) oder abstrakte (Linien, Punkte) Elemente bewirken eine Versüßlichung des Blicks, die Verzärtlichung der Augen. Mit sanft zynischem Instinkt ließe sich behaupten, dass sie das Fliegenpapier sind, das den Betrachter an das Werk annähert. Man wird angezogen, hypnotisiert von der Formel

Regularity and repetition, consoling, fascinating. What is always the same as it used to be breeds serenity, joy even: it forms a kind of necessary condition, though not sufficient for happiness. It is the mesmerising, order-promoting feature of life. Decoration is the side to visual regularity that man has always sought, usque ad nauseam, as though all the arts tended to Biedermeir, to sticky bourgeois sweet-paper taste. As a good *mittel-Europäer*, Arnold Mario Dall'O knows full well that decoration is often the excess of those who claim the measure of normality. Side by side with a basic anthropological need – regularity as a psychological aid to making human living-space visible – there lurks another: the bourgeois taste for what is trite and obvious. If everything keeps coming full circle, it means the world is eternal. But what world? The proper-thinking bourgeois world that fills houses and the public domain with cloying common sense. On this model one could talk and talk: it is like the song of life. Naturalistic contents (dogs, stags) or abstract features (lines, points) form a sweet pap for the eye. One is tempted – in fond cynicism – to say they form the fly-paper attracting the spectator to the art-work. One is attracted, hypnotised by the formula: always the same, time and again. And indeed, hypnosis is based on putting the mind to

sull'addormentamento della mente attraverso
la concentrazione del pensiero su gesti e frasi
ripetute continuamente. Ma la bellezza non
nasce dalla ripetizione a meno che non si
creino delle opposizioni e degli straniamenti.
Così la pornografia. Questa riconferma lo
sguardo dell'artista su alcuni simboli deca-
denti e piccolo borghesi, nello stesso tempo
opera con una doppia intensità. Come violenza che esplode direttamente dentro il salotto
buono e come metafora di un mondo in cui
pornografia e pornocrazia sono le basi del
vivere "moderno".
Dall'O, per esempio nella serie delle cere,
focalizza all'interno di una forma assolutamente regolare, il cerchio, la condensazione
di immagini che sono controllate sempre
dal sottofondo dell'immagine pornografica.
La tecnica favorisce la metafora della rimozio-
ne: l'immagine sottesa, quasi nascosta da
quella in primo piano, ha un diretto riferimen-
to al sesso. Freud ne sarebbe contento, e anche
noi in fondo.
Ma forse il significato non sta soltanto in questa occasionalità stilistica, perché Dall'O ha da
sempre usato disegni e fotografie pornografi-
che all'interno dei suoi lavori. In questo modo
si attua una violenza al gusto borghese, ma
questa violenza viene ripetuta da un elemento
che nella comunicazione visiva attuale conosce una regolarità molto forte. La pornografia
attraverso internet e la televisione è entrata
nella pratica visiva quotidiana. Migliaia di

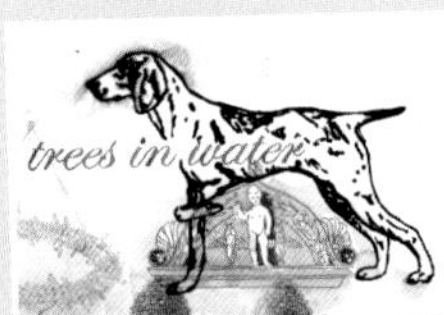

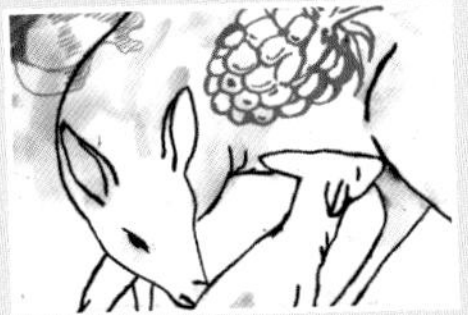

*des Sich-selbst-Immergleichen, in der mehrmali-
gen Wiederholung. Im Übrigen basiert gerade die
Hypnose auf der Einschläferung des Geistes durch
die Konzentration des Denkens auf ständig wie-
derholte Gesten und Sätze. Doch die Schönheit
geht nicht aus der Wiederholung hervor, es sei denn
Widerstände treten auf, und Verfremdungen.
Desgleichen die Pornographie. Diese bestätigt den
Blick des Künstlers auf einige der dekadenten und
kleinbürgerlichen Symbole, zugleich arbeitet sie
mit einer doppelten Intensität. Als Gewalt, die
unvermittelt im gutbürgerlichen Wohnzimmer
explodiert und als Metapher einer Welt, in der
Pornographie und Pornokratie die Grundfesten
„modernen" Lebens bilden. Arnold Mario Dall'O,
zum Beispiel in der Wachs-Serie, fokalisiert im
Inneren einer absolut regelmäßigen Form, dem
Kreis, die Verdichtung von Bildern, die unter-
schwellig immer dem pornographischen Bild un-
terstehen. Die Technik bedient die Metapher der
Verdrängung: das untenliegende Bild, beinahe
versteckt von jenem im Vordergrund, ist direkt auf
den Sex bezogen. Freud hätte sein Vergnügen daran, und auch wir im Grunde.*

*Doch vielleicht steckt die Bedeutung nicht nur in
dieser stilistischen Zufälligkeit, denn Dall'O hat
immer schon Zeichnungen und Fotografien in seine Arbeiten eingegliedert. Auf diese Weise wird
dem bürgerlichen Geschmack Gewalt angetan,
doch diese Gewalt wiederholt sich in einem
Element, das in der visuellen Kommunikation unserer Tage eine sehr große Regelmäßigkeit kennt.
Tausende von „normalen" Paaren begegnen*

sleep by concentrating it on steadily repeated words and gestures. Yet beauty does
not stem from repetition, unless opposi-
tion and estrangement are built in.
Whence pornography. It reassures us that
the artist is intent on certain decadent
petit bourgeois symbols, whilst at the same
time working at dual intensity. Like a
bombshell in a prim drawing room, and as
a metaphor of a world where pornography
and pornocracy are the basis of "modern"
living. In the wax series, for instance,
within an absolutely regular form, the
circle, Dall'O focuses a condensation of
images all controlled by the background of
porn. The technique hints at the metaphor
of "removal", or repression: the underly-
ing picture, almost concealed by the one
above, is an explicit sexual reference.
Freud would be happy. Deep down, so
are we.

Maybe, though, the meaning does not just
lie in this stylistic randomness, for Dall'O
has always used pornographic drawings
and photos inside his works. This perpe-
trates an act of violence on bourgeois taste,
but the violence is repeated by a phenome-
non which is enjoying a real vogue in
present-day visual communication.
Pornography on the internet and TV has
come to form part of daily routine.
Thousands of "normal" couples meet up in
clubs privés for group sex; impeccable-

coppie "normali" si incontrano nei privé per
dedicarsi al sesso di gruppo, altrettanti inso-
spettabili borghesi si recano all'estero, nei
paesi poveri, per comprare il sesso a buon
mercato da bambine che non diventeranno
mai donne. La nostra è una società pornografica perché non solo la morale, ma anche
l'etica ha abbandonato i comportamenti pubblici a favore dell'utilità, spesso momentanea.
Allora il sesso nell'arte di Dall'O ha il valore
non solo di contrapposizione rispetto alla
caramellosità della decorazione, ma anche di
constatazione che tra i *files* dell'Occidente,
l'eros becero e squallido, ha una sua triste
dignità. Non possiamo sfuggire alla regola
della conservazione, l'archivista non butta via
niente, non potrebbe farlo.
Così scopriamo che ci appartengono anche
queste porcherie e che forse ci appartengono
più di altre immagini maggiormente intellet-
tuali o elevate, perché gli occhi del mondo
trattengono le scorie del desiderio e le traman-
dano alla contemporaneità.
Inoltre Dall'O usa una tecnica che supera anche quella della composizione *process painting*
degli anni 80. Ha adottato la tecnica di creare
delle sorti di velature, in senso letterale e non
pittorico, perché le sue composizioni sono a
strati. Ognuno ne nasconde uno seguente e
sottostante. Vi sono strati da sollevare per arri-
vare ad un'immagine che è sempre ulteriore.
Fisicamente è impossibile rappresentare
l'infinito, l'artista ha compreso perfettamente

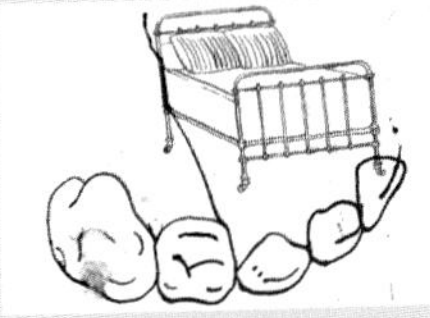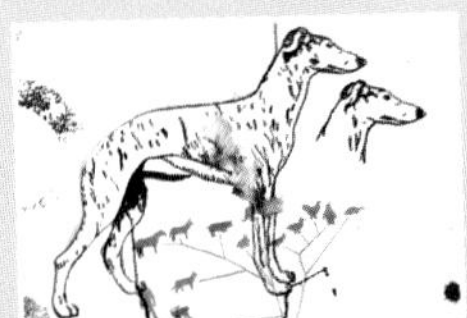

einander in den Separées, um dem Gruppensex zu frönen, ebenso viele über jeden Verdacht erhabene Bürgerliche begeben sich ins Ausland, in arme Länder, um billigen Sex zu kaufen, bei Mädchen, die vielleicht niemals Frauen werden. Die unsrige ist eine pornographische Gesellschaft, denn nicht nur die Moral, auch die Ethik wurde in den öffentlichen Verhaltensweisen zugunsten der oft momentanen Nützlichkeit aufgegeben. So hat der Sex bei Dall'O nicht nur den Wert einer Gegenposition in Bezug auf die Zuckerlhaftigkeit der Dekoration, sondern auch in Hinblick auf die Feststellung, dass, unter den files des Westens, dem groben und desolaten Eros auch weiterhin eine traurige Würde zukommt. Wir können der Regel der Bewahrung nicht entfliehen, der Archivar wirft nichts weg, er könnte es nicht.

So entdecken wir, dass auch diese Schweinereien uns angehören, ja vielleicht mehr als andere Bilder intellektuellerer oder vornehmerer Prägung, denn die Augen der Welt erfassen die Abfälle des Begehrens und geben sie weiter an die Gegenwart. Zudem bedient sich Dall'O einer Technik, die auch jene des process-painting der 80-er Jahre überwindet. Er hat sich eine Art Schleier-Technik angeeignet, im wörtlichen und nicht piktorischen Sinn; seine Kompositionen sind aus Schichten zusammengesetzt, von denen jede einzelne eine folgende und zugrundeliegende verbirgt. Die Schichten müssen entfernt werden, um zu einem stets jenseits befindlichen Bild zu gelangen. Es ist physikalisch unmöglich, das Unendliche darzustellen. Der Künstler hat

looking bourgeois journey to poor countries to purchase cheap sex from little girls not destined to become women. Ours is a pornographic society: public behaviour has lost all ethics and morality, and sold out to fleeting utility. So the sex in Dall'O's art stands not just in contrast to sickly sweet decoration, but also as a reminder that, amid Western files, boorish squalid eros has a certain sad dignity of its own. There is no getting away from the law of conservation: the archivist throws nothing away. To do so would be beyond him. So it is that we discover these lewdnesses as part of ourselves; maybe they belong to us more than some more intellectual or high-flown images, since the eyes of the world take in the dross of desire and hand it down to the here-and-now.

In technique Dall'O goes beyond the *process painting* of the Eighties. He has adopted the method of washes, in a literal, non-pictorial sense: his compositions are in layers. Each one hides a lurking lower one. There are layers to strip away before one gets to the ever-receding image. It is physically impossible to represent infinity; the artist understands all too well that today's pictures do not hide or deny their forerunners, but lie beside or on top. This is in some ways the doom of history from Nietzsche on, modernity struggling to birth under the crushing weight of the

che le immagini che vengono prodotte oggi
non nascondono nè negano quelle preceden-
ti, ma si affiancano e si sovrappongono. E' un
pò la condanna della storia che da Nietsche in
avanti ha accompagnato la nascita di una modernità schiantata dal peso del passato. In
questo senso svanisce non soltanto la cronolo-
gia, il tempo si azzera, ma anche il valore delle
immagini diventa qualcosa d'altro. Sacro e
profano si ribaltano in una dimensione unica
di eterno presente, sempre per restare fedeli al
pensiero del filosofo tedesco. Questo comporta che nell'archivio la posizione delle immagini e delle parole diventa equidistante da un
centro che dobbiamo ancora trovare.
E questo spaesamento, che non è certo cristal-
lino come l'alienazione dei formalisti, diventa
una condizione psicologica dello spettatore.
Dall'O sa come si disegna o come si compone
un'opera d'arte, e sa anche comunicare
un'attesa, un senso di indefinito. I *western files*
sono ordinati in senso sentimentale. Sono le
libere associazioni tra di loro che rendono
problematico il centro e l'equilibrio.
Del resto gli artisti non saranno mai dei com-
pilatori della realtà apparente, piuttosto co-
struiscono i legami tra ciò che non si vede, ma
che la mente può cogliere attraverso l'estetica.
L'incesto delle Belle Arti con la storia
comporta anche il rischio di allontanarsi dal
presente. Più aumenta la coscienza della
rappresentazione, della volontà di arte
(*kunstvoll*), e maggiore è la possibilità concreta

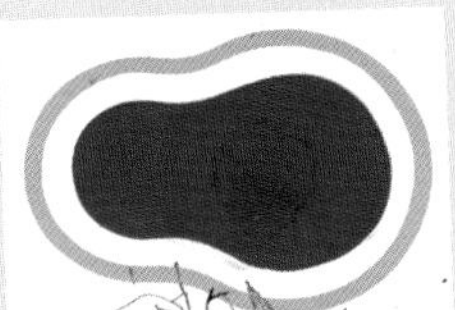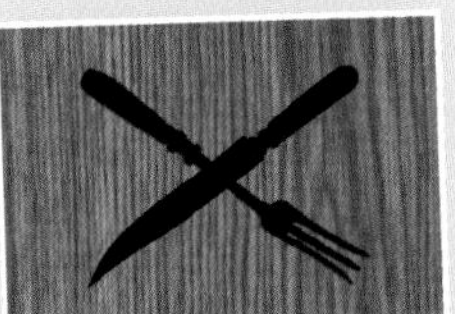

vollkommen verstanden, dass die Bilder, die heute erzeugt werden, die vorangegangen weder verstecken noch negieren: sie gesellen sich ihnen hinzu oder überlagern einander. Das ist ein wenig die Verwünschung der Geschichte, die von Nietzsche aufwärts das Aufkommen einer Modernität begleitet hat, die vom Gewicht der Vergangenheit erdrückt war.

In dieser Hinsicht verschwindet nicht nur die Chronologie, die Zeit wird annulliert, sondern auch der Wert der Bilder verändert sich. Das Heilige und das Profane überschlagen sich in einer einzigen Dimension, des Ewig-Gegenwärtigen (um dem Denken des deutschen Philosophen treu zu bleiben). Das hat zur Folge, dass die Stellung der Bilder und Wörter im Archiv im gleichen Abstand zu einem Zentrum läge, das noch zu finden wäre. Und diese Verwirrung, die freilich nicht kristallin ist wie die Alienation der Formalisten, wird zu einer psychischen Kondition des Betrachters. Dall'O weiß, wie ein Kunstwerk gestaltet und komponiert wird, und er versteht es auch, eine Erwartung mitzuteilen, ein Gefühl von Unbestimmtheit. Die western files *sind nach Empfindungen geordnet. Es sind die freien Assoziationen zwischen ihnen, die das Zentrum und das Gleichgewicht problematisch machen. Im Übrigen werden die Künstler niemals Kompilatoren der sichtbaren Realität sein, vielmehr stiften sie die Verbindungen zwischen dem Nicht-Sichtbaren, das jedoch vom Geist kraft der Ästhetik erfasst werden kann.*

Der Inzest zwischen den Schönen Künsten und der

past. In this sense not only does chronology vanish and time zero out, but the value of images itself transforms. Sacred and profane are overthrown to form one sole dimension, eternal present – to keep faith, again, with the German philosopher's thought. This means that the position of the pictures and words in the archive becomes equidistant from a centre we still have to discover. Our loss of bearings – far from the crystal-clear alienation of the formalists – becomes a psychological condition for the viewer. Dall'O knows how to draw and how to compose a work of art; he can also communicate suspense, a sense of the indefinite. The *western files* are arranged in emotional order. It is the free associations among them that make balance and centring problematic.

But then, since when were artists compilers of apparent reality? Their tendency is to forge links between what cannot be seen, though the mind may glimpse it through aesthetics.

When Fine Arts dally incestuously with History there is always the risk of getting detached from the present. The greater the awareness of representation, of thirst for art (*kunstvoll*), the greater the danger of missing the target and falling into quotation and souvenir. But the memory we are talking about at this juncture is quite another thing, being connected with here

di mancare il bersaglio o di cadere nella cita-
zione, nel ricordo. La memoria in discussione
in questo momento è invece tutt'altro perché
ha a che vedere con l'attualità. Tutto è nel presente e lo stesso tempo viene abolito. Da tale
appiattimento che sovrappone segni e stili,
nascono anche delle sorte di ibridi, esseri che
hanno l'apparenza di mutanti, mentre in
effetti sono esseri già mutati. Per questo
Dall'O usa spesso delle sorte di retinature, di
cadenze geometriche, soprattutto cerchi
colorati, che sono come una maculopatia che
confonde la vista e ne censura le capacità.
In effetti il suo tentativo è di portare questo
altissimo contenuto visivo, immagini di
immagini di immagini, in una dimensione che
riguarda solo il pensiero e non la memoria.
Questa viene abbandonata in quanto inutile,
non produce più il conforto dell'eternità.
Gli archivi vengono liberati, sono utili come
serbatoio gigantesco e inesauribile, ma la
loro carica potenzialmente sovversiva si
accresce della loro immensa combinatoria.
Per questo le opere di Arnold Mario Dall'O
sono oscene. Mettono insieme ciò che è
ob-sceno, fuori dalla scena, non previsto.
Materiale non codificabile, perché già codifi-
cato, consegnato al gelo dei classificatori, dei
repertori, degli inventari. In questo caso
il coraggio consiste nell'affrontare una
combinatoria intuitiva, che si avvicina alla
chance duchampiana, e non ha paura nemme-
no di mettere in discussione generi e perver-

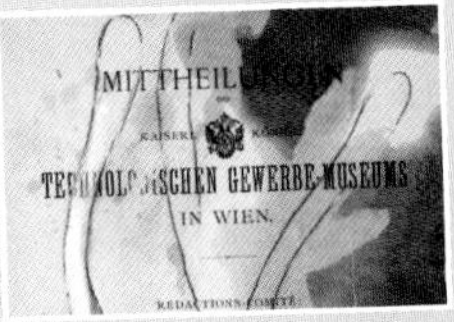
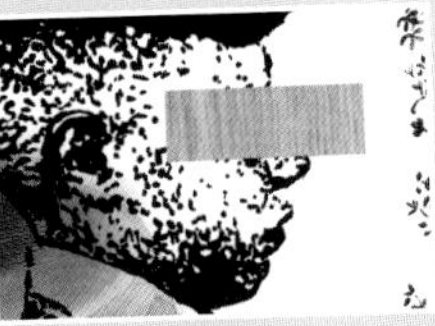

Geschichte birgt auch das Risiko einer Entfernung von der Gegenwart. Je stärker das Bewusstsein der Repräsentation (kunstvoll), desto größer die konkrete Möglichkeit, das Ziel zu verfehlen oder ins Zitat zu verfallen, in die Erinnerung. Indes das Gedächtnis, das augenblicklich zur Debatte steht, ist ein ganz anderes, eines, das mit der Aktualität zu tun hat. Alles ist in der Gegenwart und noch die Zeit selbst wird abgeschafft. Aus einer solchen Verflachung, die Zeichen und Stile übereinander legt, gehen auch die Arten von Hybriden hervor, Wesen, die das Aussehen von Mutanten haben, wobei es in der Tat schon mutierte Wesen sind. Darum gebraucht Dall'O oft Netzkonstruktionen, geometrische Kadenzen, vor allem farbige Kreise, die sich wie Krankheitsflecken ausnehmen, die den Blick verstören und seine Fähigkeiten zensurieren. In der Tat besteht seine Arbeit darin, diese sehr hohen visuellen Inhalte, Bilder von Bildern von Bildern, einer Dimension zuzuführen, die nur das Denken und nicht die Erinnerung betrifft. Diese wird als unnötiger Ballast abgeworfen, sie produziert nicht mehr den Trost der Ewigkeit.

Die Archive werden freigesetzt, sie sind nützlich als gigantischer und unerschöpflicher Speicher, doch ihre potentiell umstürzlerische Aufladung wird durch ihre unermessliche Kombinierbarkeit gesteigert. Aus diesem Grund sind die Werke Dall'Os obszön. Sie fügen das zusammen, was ob-szön ist, außerhalb des Schauplatzes, unvorhergesehen. Material, das nicht kodifizierbar (da schon kodifiziert ist), dem Eis der Klassifikatoren, der Bestandsaufnehmer, der Inventarisierer über-

and now. All lies in the present, time itself extinguished. Line and style overlap and flatten out, and from this there arise hybrids, beings like mutants, though actually ones that have already mutated. This may be why Dall'O often uses halftone, geometric cadences, coloured circles in the main, which act like some degeneration of the macula lutea distorting the sight and curtailing its scope. His aim is to place this high-soaring visual content – images of images of images – on a plane that caters for thought and not memory. Memory is cast off as useless: it no longer produces a rosy glow of eternity.

The archives are set loose: useful as a huge container, their potentially subversive charge grows and grows with their enormous capacity for combination.

This makes the works of Arnold Mario Dall'O obscene. They put together what is *ob-scene*, off stage, not foreseen. The boldness here consists in going for an intuitive combinatory scheme, close to Duchamp chance, with no holds, genders or perversions barred. Shots of surgical operations, explicit sex, dog silhouettes repeated over and over, multiplied by a virus, a trojan horse devouring the memory of our computers. The metaphor, it becomes clear, lies in topsy-turvy representation of our society, our tics, our old/new drives.

sioni. Immagini di operazioni chirurgiche, sesso esplicito, silhouette di cani spesso ripetute e moltiplicate da un virus o da un trojan che si è impadronito della memoria del nostro computer.

Si chiarisce allora che la metafora sta proprio nella rappresentazione rovesciata della nostra società, dei nostri tic e delle nostre vecchie/nuove pulsioni. I *files* vengono aperti e scambiati di ruolo, nessuna gerarchia viene rispettata, le cartelle non organizzano un bel nulla. Così spuntano le corna ai bambini, i cavalli occupano praterie di falli, le parole scritte non corrispondono agli oggetti giustapposti. La metafora della malattia rispunta e copre il territorio con la tecnologia e le sue falle (altro che falli!). La maledizione della tecnica heideggeriana è pronta a dare delle risposte, ma preferiamo cercarle in noi stessi che guardiamo. I *western files* di Arnold Mario Dall'O, appunto.

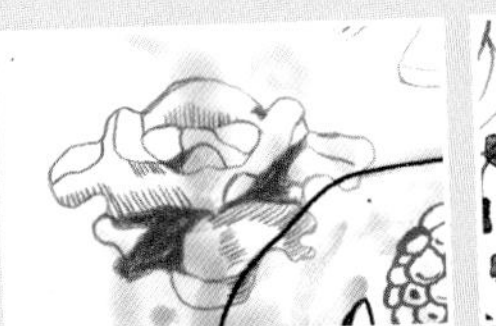 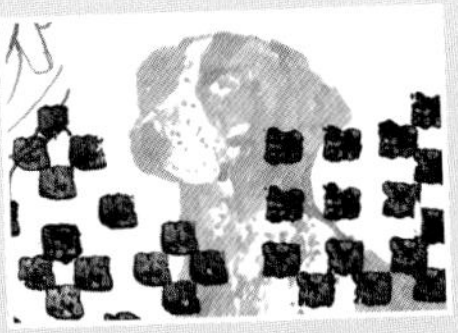

*antwortet. In diesem Fall besteht der Mut darin,
eine intuitive Kombinatorik in Angriff zu nehmen,
die sich der* duchamp'schen chance *annähert
und die auch keine Scheu hat, Genres und Perver-
sionen zu hinterfragen: Bilder von chirurgischen
Eingriffen, expliziter Sex, Umrisse von Hunden,
oft wiederholt und multipliziert durch einen Virus
oder einen Trojaner, der vom Speicher unseres
Computers Besitz ergriffen hat.*
*So wird klar, dass die Metapher gerade in der
umgekehrten Repräsentation unserer Gesellschaft
liegt, unserer Tics und unserer alten/neuen Antrie-
be. Die* files *werden geöffnet und ihre Anwendun-
gen vertauscht, keine Hierarchie wird respektiert,
die Ordner ordnen gar nichts mehr. So kann es
sein, dass Kindern Hörner wachsen, dass Pferde
Phallus-Prärien bevölkern, dass die geschriebe-
nen Wörter den daneben befindlichen Gegen-
ständen nicht entsprechen. Die Metapher der
Krankheit erwacht zu neuem Leben und erobert
das Terrain mit der Technologie und ihren
Ausfällen (Aus-Phallen!). Die heidegger'sche
Verwünschung der Technik stellt Antworten
bereit, doch wir ziehen es vor, sie in uns selbst zu
suchen: in der Betrachtung der* western files
von Arnold Mario Dall'O.

Files are opened and change their roles;
hierarchy carries no respect, the filing
system organises nothing whatsoever.
Thus horns sprout from babies, horses
invade a prairy-land of phalluses, the
words written fail to tie up with the objects
juxtaposed. The metaphor of disease
returns to the fore, covering the terrain
with technology and its fallacies (phalluses
indeed!). The curse of Heidegger's
technics stands ready to provide an
answer, but we prefer to search for this in
ourselves, as beholders. Which is to say
Arnold Mario Dall'O's *Western Files*.

Siamo tutti più o meno consapevoli oggi che non possa esistere una formula nel possesso di una o poche discipline per poter parlare di tutta la realtà. Esistono comunque delle "regioni" del sapere, dove la conoscenza passa attraverso la complessa individualità dell'uomo, attraverso la molteplicità dei comportamenti umani: le arti visive costituiscono una di queste regioni, in cui si può creare uno spazio libero per parlare del mondo sia negli aspetti universali che intimi e quotidiani.

Le opere d'arte possono – usando un concetto leibniziano – essere considerate delle monadi chiuse in sé stesse, ma in continuo dialogo con il mondo.

Le opere di Arnold Mario Dall'O hanno ciascuna una finitezza individuale, ma grazie alle complesse stratificazioni e all'impiego di segni e simboli eterogenei mantengono un continuo e rinnovabile dialogo sia con il fruitore che con altre opere. L'intera produzione artistica di Dall'O è un tributo all'immagine, in cui concorrono diverse componenti: l'osservazione diretta del mondo reale, la trasfigurazione fantasmatica e onirica, il mondo figurativo trasmesso dalla cultura a vari livelli e un processo d'astrazione, condensazione e interiorizzazione dell'esperienza sensibile.

La "visibilità" è dunque un valore primario dei suoi lavori, in cui il supporto è dato spesso da elementi di arredo come i motivi di tappezzerie, ma anche da altre reiterazioni di determinati pattern grafici sui quali si accumulano

Wir sind uns heute alle mehr oder weniger bewusst, dass es, im Besitz einer bestimmten Disziplin, keine Formel geben kann, mit der die gesamte Realität zu begreifen ist. Auf jeden Fall gibt es „Regionen" des Wissens, wo die Erkenntnis die komplexe Individualität des Menschen durchlaufen muss, die Vielfalt der menschlichen Verhaltensweisen: die visuellen Künste stellen eine dieser Regionen dar, in denen sich ein Freiraum schaffen lässt, um von der Welt sowohl in den universellen als auch intim-alltäglichen Aspekten zu sprechen. Die Kunstwerke können – mit einem „Begriff von Leibnitz " – als Monaden bezeichnet werden, die in sich verschlossen sind, doch in ständigem Dialog mit der Welt stehen.

Jedem der Werke von Arnold Dall'O eignet eine individuelle Vollkommenheit, doch dank der komplexen Schichtungen und des Gebrauchs heterogener Zeichen und Symbole behalten sie einen ständigen und erneuerbaren Dialog sowohl mit dem Kunstkonsumenten als auch mit den anderen Werken bei. Die gesamte künstlerische Produktion Dall'Os ist ein Tribut an das Bild, an dem diverse Komponenten zusammenwirken: die direkte Betrachtung der realen Welt, ihre phantasmatische und onirische Umgestaltung, die figurative Welt auf verschiedenen Ebenen (übermittelt durch die Kultur) und ein Prozess der Abstraktion, Verdichtung und Verinnerlichung der Sinneserfahrung. Die „Sichtbarkeit" ist somit ein Primärwert seiner Arbeiten, die oft auf Einrichtungsgegenständen wie Tapetenmotiven ausgeführt werden oder auch Neugestaltungen

We are all more or less aware nowadays that no single area of knowledge possesses the magic formula to be able to talk of reality as a whole. There are, however, "regions" of learning where knowledge is channelled through the complex individuality of man and multifarious human behaviour: the visual arts are one such region in which room can be freed to speak of the world in universal as well as intimate daily terms. To use Leibniz' concept, works of art may be seen as monads closed in on themselves, though constantly dialoguing with the world.

The works of Arnold Dall'O each have their individual finiteness, but thanks to their multi-layered quality and the use of eclectic signs and symbols, they contrive to keep up and rekindle dialogue with the beholder, and indeed with other art-works. Dall'O's entire output is a tribute to the image, in which various threads twine together: direct observation of the real dimension, "phantasmatic" and onirical transformation, the figurative world handed down by culture on various planes and a process of abstraction, condensation and internalisation of sensory experience. "Visibility" is thus a prime value of his work, often resting on props from the milieu of décor like wallpaper patterns, but also on serially repeated graphic motifs on top of which he strews drawings of animals

disegni di animali (cani, cervi, cavalli), organi
umani, corpi, nature morte, frammenti di
testo secondo una composizione che appare
assolutamente illogica e irrazionale. La "visibilità" è anche un valore a cui Calvino ha dedica-
to una delle sue "Lezioni americane"
interrogandosi se nella cosiddetta civiltà del-
l'immagine siamo ancora capaci di pensare
per immagini. L'intera opera di Dall'O dà
certamente un suo contributo a questa riflES-
sione. Le sue composizioni hanno un loro
equilibrio interno, ma non danno mai
l'impressione di essere compiute per defini-
zione, sono sempre in movimento, anche per
le relazioni che possono istituire tra gli elementi visivi presenti. Le diverse opere hanno
un certo significato quando le guardiamo per
la prima volta e ricevono poi gradualmente un
senso quando iniziamo a dare loro un conte-
sto. Nessuno di noi guarda senza memoria: gli
oggetti che affiorano dalle superfici dei disegni, delle tele e delle cere di Dall'O attivano
una sorta di logica combinatoria che può at-
tingere a contesti sia vicini che lontani, si in-
nescano ipotesi, esplorazioni. Offrendoci
elementi visivi e simboli di origini diverse, che
vanno dall'immagine religiosa a quella erotica
così come all'elemento architettonico, Dall'O
ci introduce ad una dimensione antropologica
e culturale, dove ci rendiamo conto che il senso è sempre di più di ciò che abbiamo davanti.
Sembra quasi che i pattern reiterati vogliano
additare la necessità di uscire dagli schemi, di

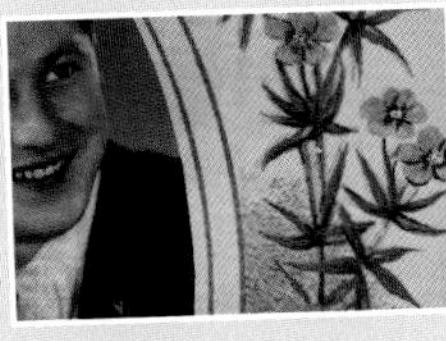 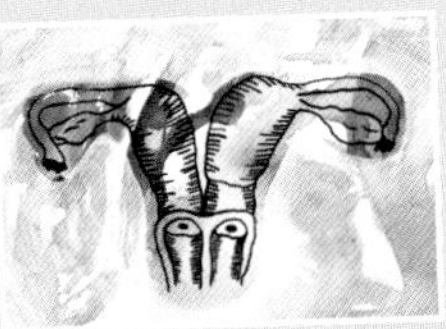

bestimmter graphischer Muster darstellen, auf denen sich Tierzeichnungen tummeln (Hunde, Hirschen, Pferde), menschliche Organe, Körper, Stillleben, Textfragmente: einer Komposition folgend, die vollkommen unlogisch und irrational scheint. Die „Sichtbarkeit" ist auch ein Wert, dem Calvino eine seiner „Amerikanischen Vorlesungen" gewidmet hat, in der er die Frage aufwarf, ob wir in der sogenannten Kultur der Bilder noch fähig wären, in Bildern zu denken. Das ganze Werk Dall'Os leistet mit Sicherheit einen Beitrag zu dieser Reflexion. Seine Kompositionen gehorchen einem inneren Gleichgewicht, doch sie vermitteln niemals den Eindruck, per definitionem vollendet zu sein; sie sind immer in Bewegung, auch aufgrund der Relationen, die sie zwischen vorhandenen visuellen Elementen stiften. Die verschiedenen Arbeiten haben bei der ersten Betrachtung eine bestimmte Bedeutung und nehmen nach und nach einen anderen Sinn an, wenn wir beginnen sie zu kontextualisieren. Niemand von uns betrachtet erinnerungslos: die Objekte, die den Oberflächen der Zeichnungen, der Leinwände und Wachsarbeiten Dall'Os entsteigen, setzen eine Art kombinatorische Logik frei, die sowohl aus nahen als auch aus fernen Kontexten schöpfen kann. Hypothesen schließen daran an, Erkundungen, wobei uns visuelle Elemente und Symbole unterschiedlichen Ursprungs angeboten werden, vom religiösen bis zum erotischen Bild, bis hin zum architektonischen Element. Dall'O versieht es mit einer anthropologischen und kulturellen Dimension, sodass uns

(dogs, deer, horses), human organs, bodies, still lifes or scraps of text, arranged into a composition that may seem wildly illogical and irrational.

"Visibility" is likewise a value to which Calvino devoted one of his "American lectures", pursuing the question of whether amid the so-called civilization of the image we are still able to think via images. Dall'O's whole work is a clear contribution to this line of enquiry. His compositions have an inner equilibrium of their own, yet without ever giving the impression of being finished: by definition they are in perpetual motion, if only through the relations they set up among the visual contents presented. His works, taken severally, have one meaning when we first look at them and then gradually yield another meaning when we begin to give them a context. We none of us look without using memory: the objects that emerge from the surface of Dall'O's drawings, canvases and wax overlays trigger a kind of combinatory logic drawing on contexts near at hand or far-removed; they conjure conjecture and exploration. By presenting us with disparate symbols and visual contents, ranging from religious to erotic imagery or architectural motifs, Dall'O takes us into the dimension of cultural anthropology, where the meaning, we grasp, outstrips the factors we have before us. It is as though

amplificare la realtà dell'opera e del suo significato primario. C'è dunque un primo
momento, in cui vediamo la testa di un cane,
un cuore, dei lamponi, le corna di un cervo, il
disegno di un corpo nudo, due corpi intreccia-
ti, un sesso maschile, uno femminile, una
teiera, una tazza, una croce e un secondo
momento, in cui diamo una relazione a ciò che
abbiamo visto. Emerge così la struttura forte-
mente simbolica dei lavori di Dall'O: ma non
si tratta di simboli legati all'idea di simbolismo
letterario, bensì legati all'idea antropologica
della realtà e della cultura. Le diverse "icone"
impiegate sono, infatti, condivisibili dai più e
attingono ad un patrimonio visivo essenzial-
mente popolare e familiare, che facilita un
dialogo diffuso e continuo, dinamicamente
aperto. In questo senso le opere di Dall'O
costituiscono una forma non-scientifica, ma
"altra" di sapere, una forma di approfondimento dell'umano dotata di proprie leggi e
criteri, che conserva e alimenta quel "potere
di pensare per immagini" tanto praticato e
auspicato da Italo Calvino.

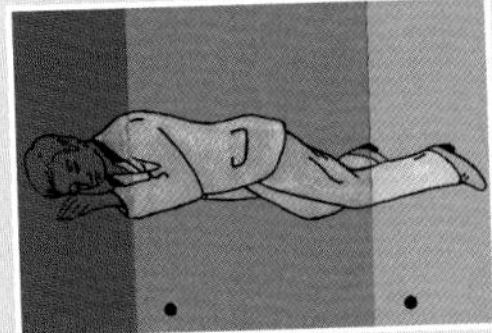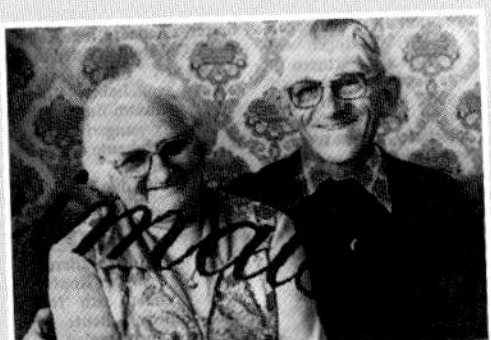

bewusst wird, dass der Sinn immer mehr ist als das, was wir vor uns haben. Es scheint fast, dass die wiederholten Muster die Notwendigkeit aufzeigen wollen, aus den Schemen auszubrechen, die Realität des Werkes und seiner primären Bedeutung zu erweitern. Es gibt also einen ersten Moment, in dem wir den Kopf eines Hundes sehen, ein Herz, Lampions, ein Hirschgeweih, die Zeichnung eines nackten Körpers, zwei ineinander verschlungene Körper, ein männliches Geschlecht, ein weibliches, eine Teekanne, eine Tasse, ein Kreuz: und einen zweiten Moment, in dem wir das, was wir gesehen haben, miteinander in Beziehung setzen. So kommt die stark symbolische Struktur der Arbeiten Dall'Os zustande: doch es handelt sich nicht um Symbole gebunden an die Idee des literarischen Symbolismus, sondern um solche, die an den anthropologischen Begriff der Realität und der Kultur anschließen.

In der Tat sind die diversen gebrauchten „Ikonen" von den meisten nachvollziehbar, schöpfen aus einem visuellen Erbe, das im Wesentlichen populär und vertraut ist, das einen diffusen und kontinuierlichen Dialog befördert, dynamisch offen. In dieser Hinsicht stellen die Werke Dall'Os eine nicht wissenschaftliche, sondern „andere" Form des Wissens dar, eine Form der Vertiefung des Menschlichen, begabt mit eigenen Gesetzen und Kriterien, die jenes „Vermögen, in Bildern zu denken" bewahrt, das Italo Calvino so sehr praktiziert und herbeigesehnt hat.

the pattern repetition points to a need to shake free from any mould and amplify the real qualities of the work, its primary significance. There is hence a first phase when we see a dog's head, a heart, some raspberries, a stag's horns, the sketch of a nude body, two bodies entwined, a male organ, female genitals, a teapot, a cup, a cross … and a second phase where we set relations among what we have seen. This brings out the acutely symbolic structure of Dall'O's works: symbols not connected with literary symbolism, mind, but with the anthropological idea of culture and le réel.

The various "icons" used are accessible to all and sundry, drawing on a familiar visual heritage that is essentially popular – which aids dialogue, on-going and wide-ranging, dynamically open. In this sense Dall'O's works form a non-scientific, "different" body of knowledge, a deeper exploration of "the human" with laws and criteria all its own, preserving and fostering that "ability to think via images" that was so cherished, and practised, by Italo Calvino.

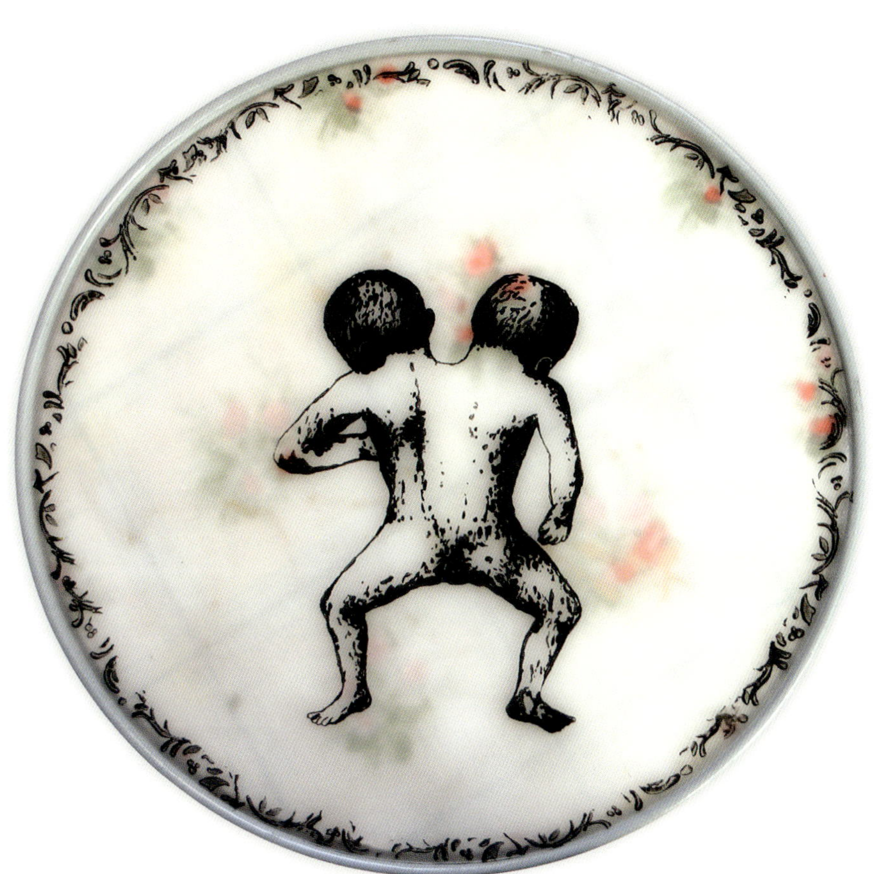

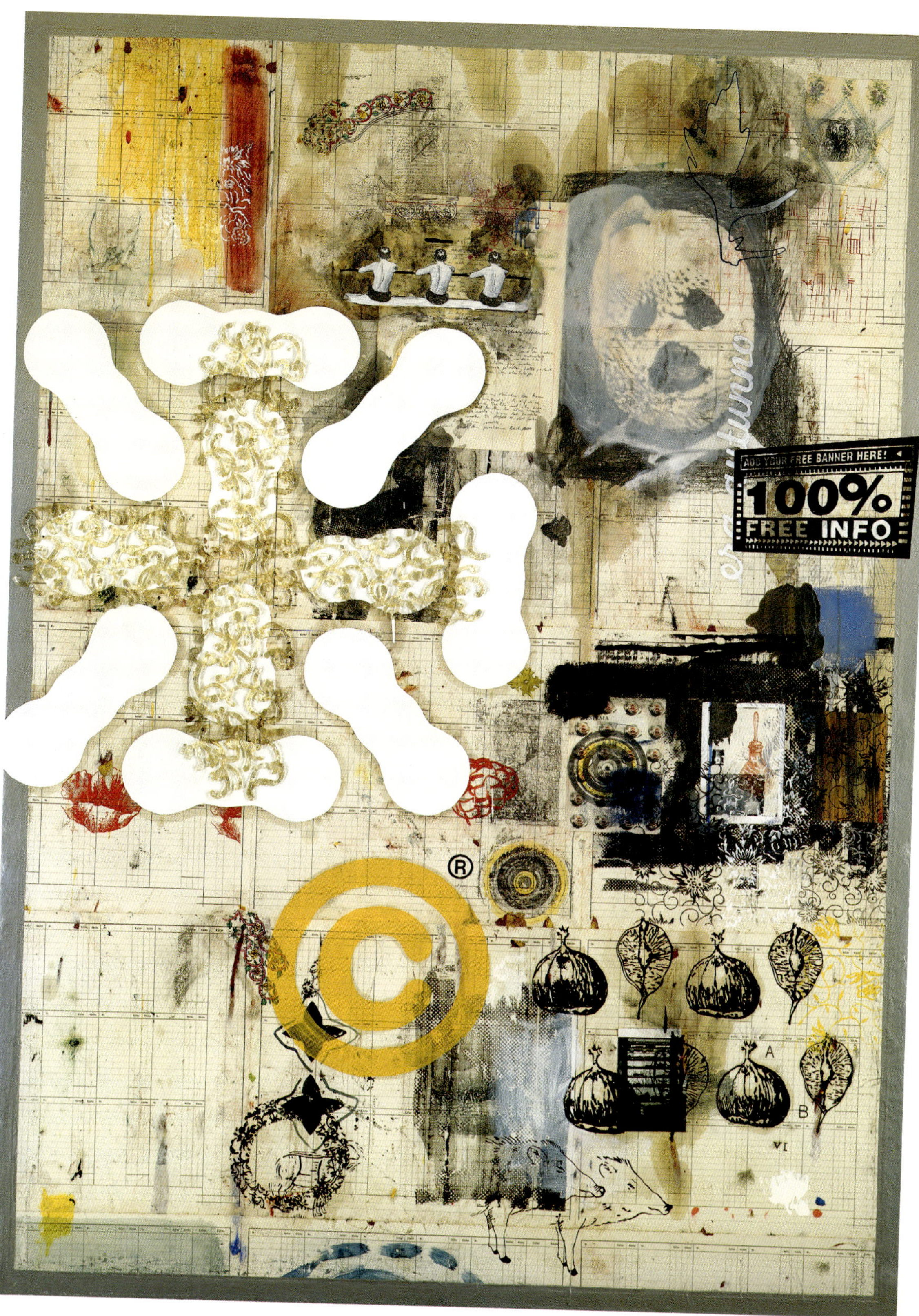

ADD YOUR FREE BANNER HERE!
100%
FREE INFO
®
A
B
VI

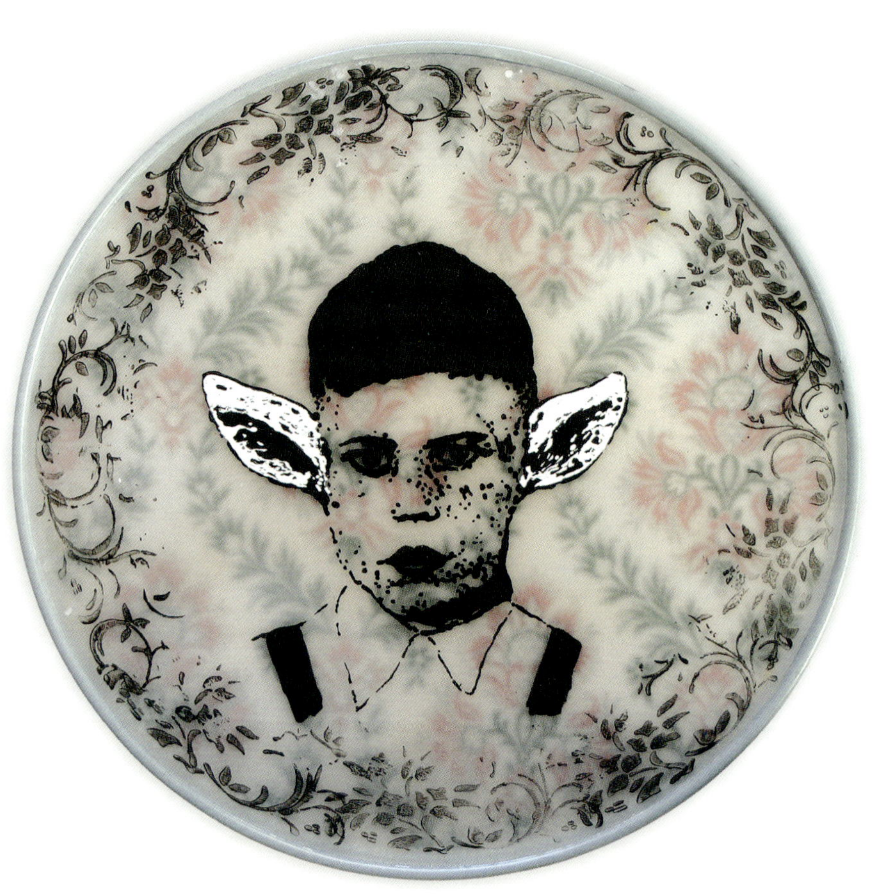

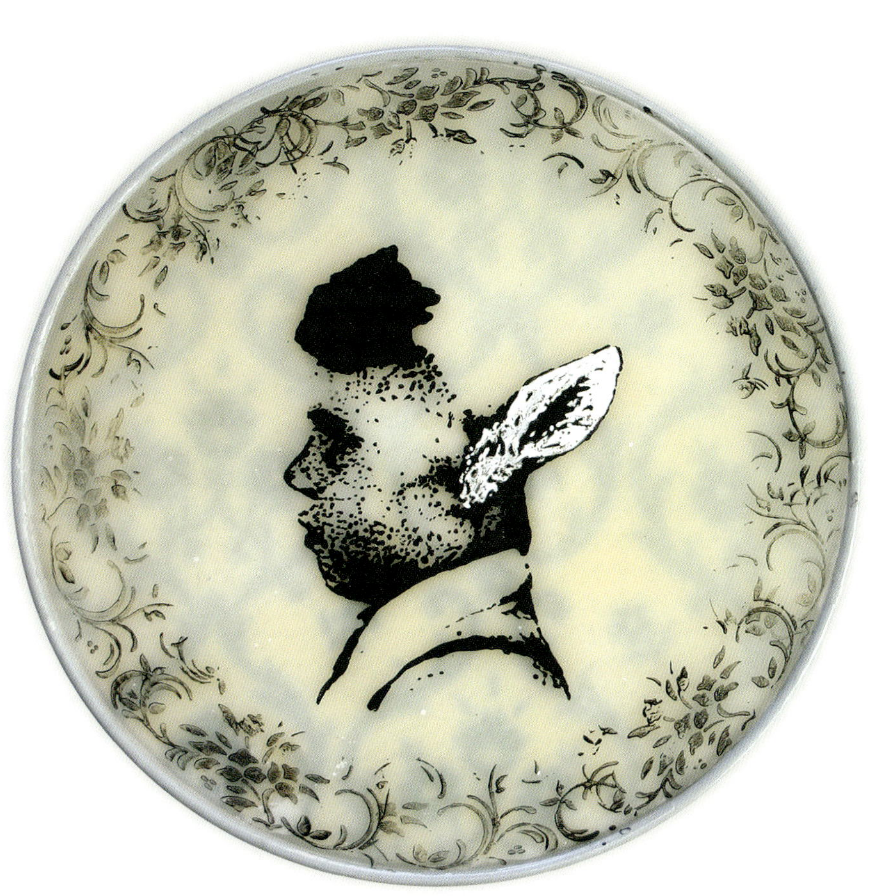

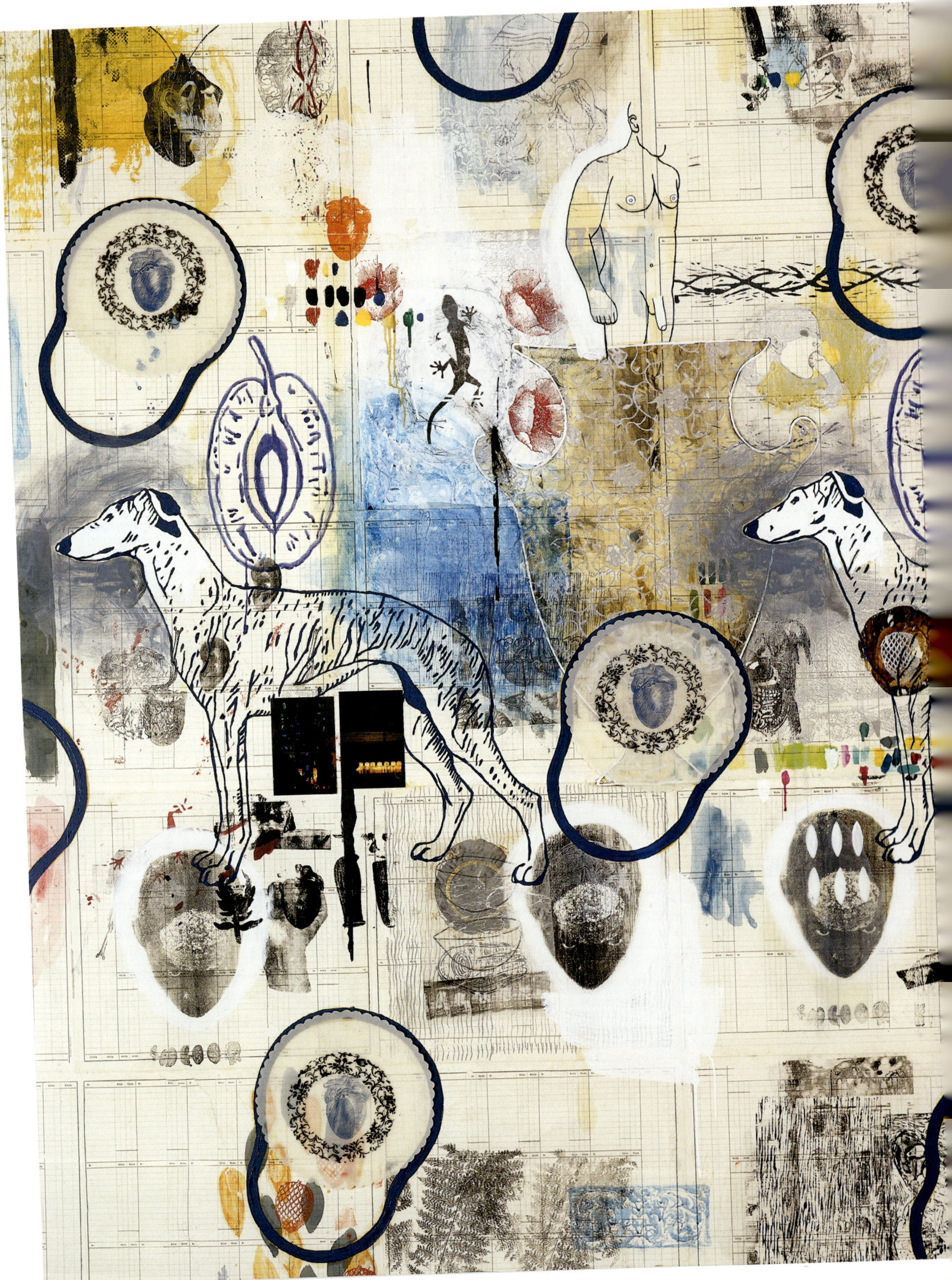

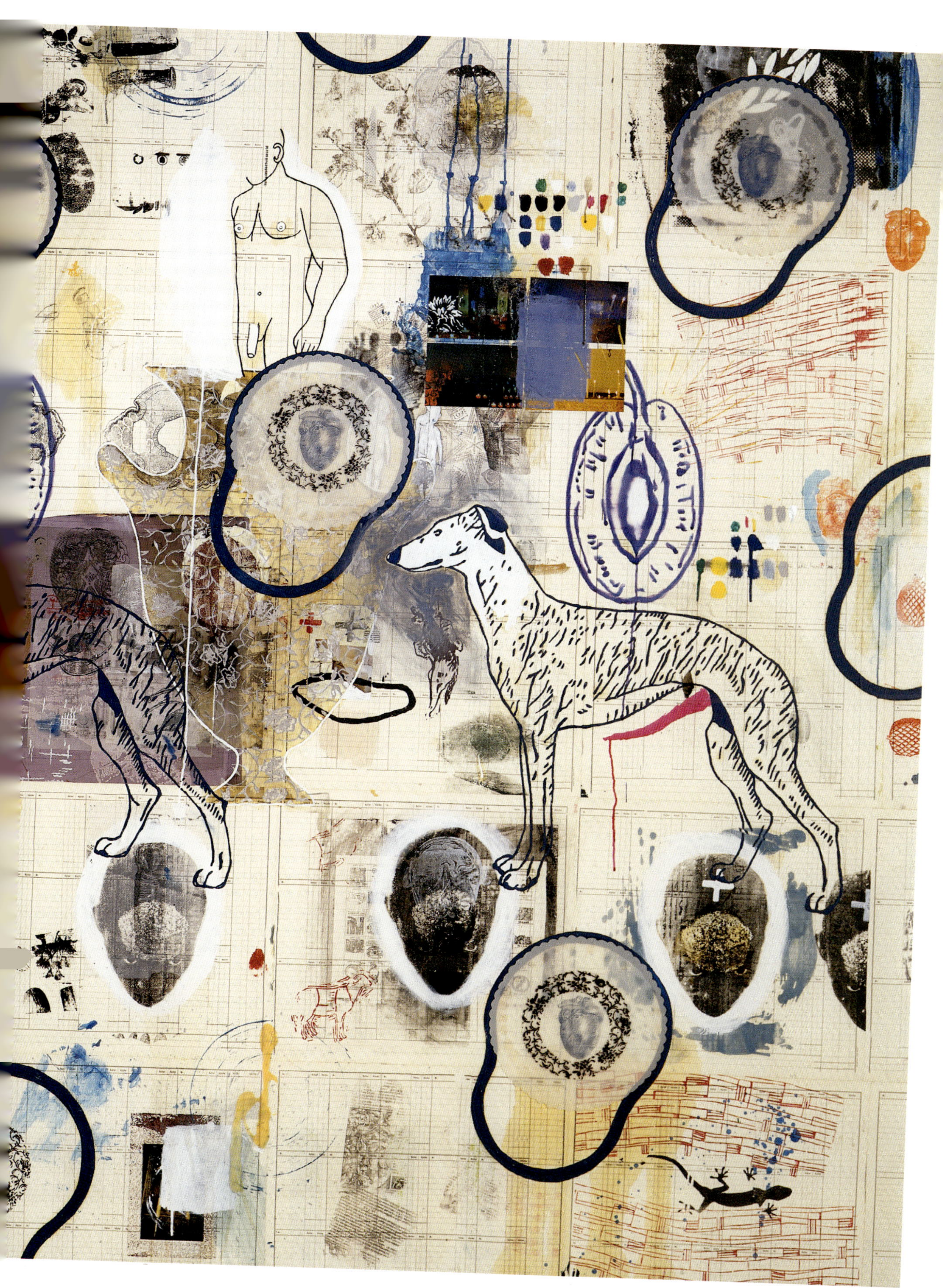

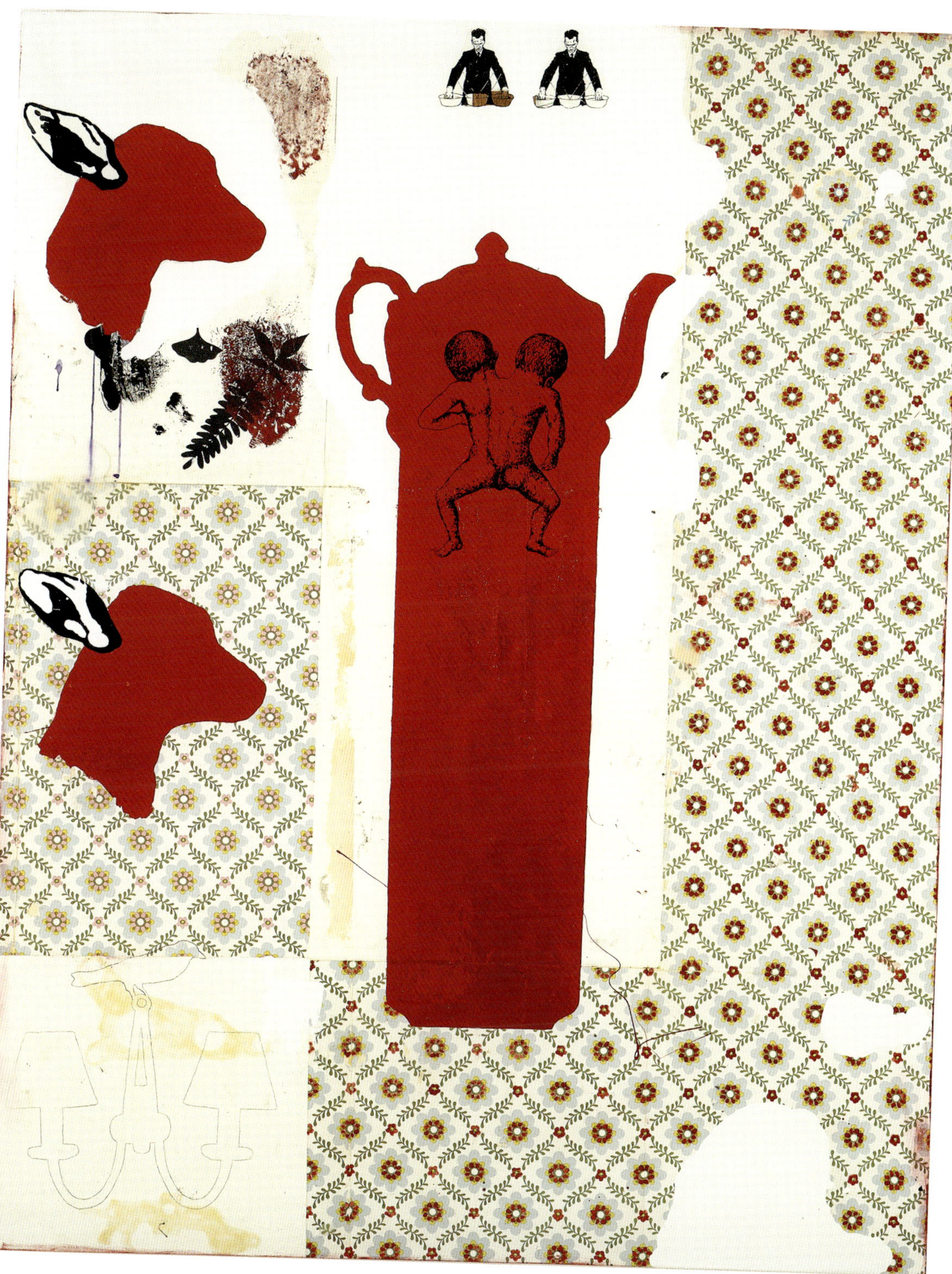

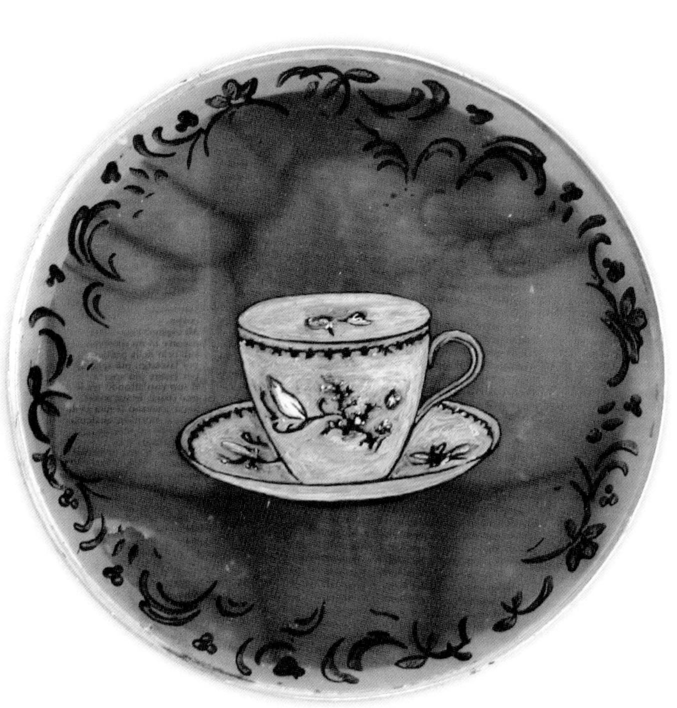

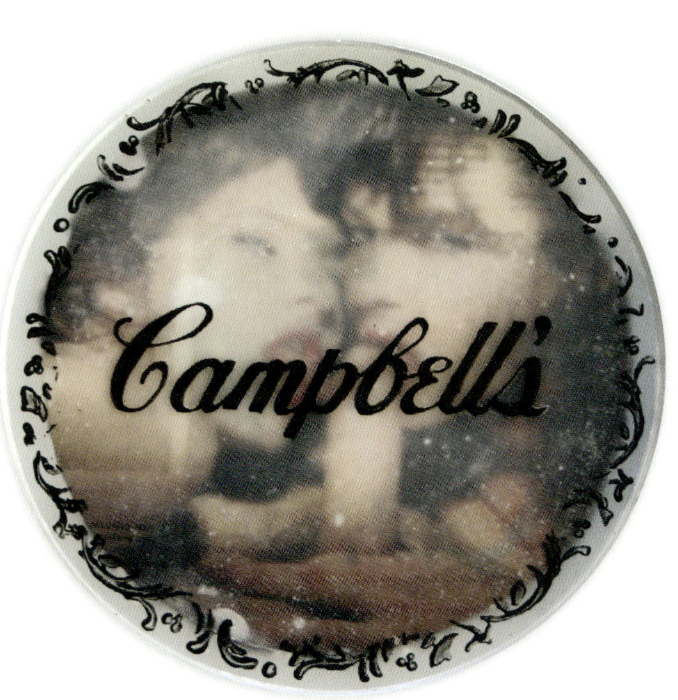
Campbell's

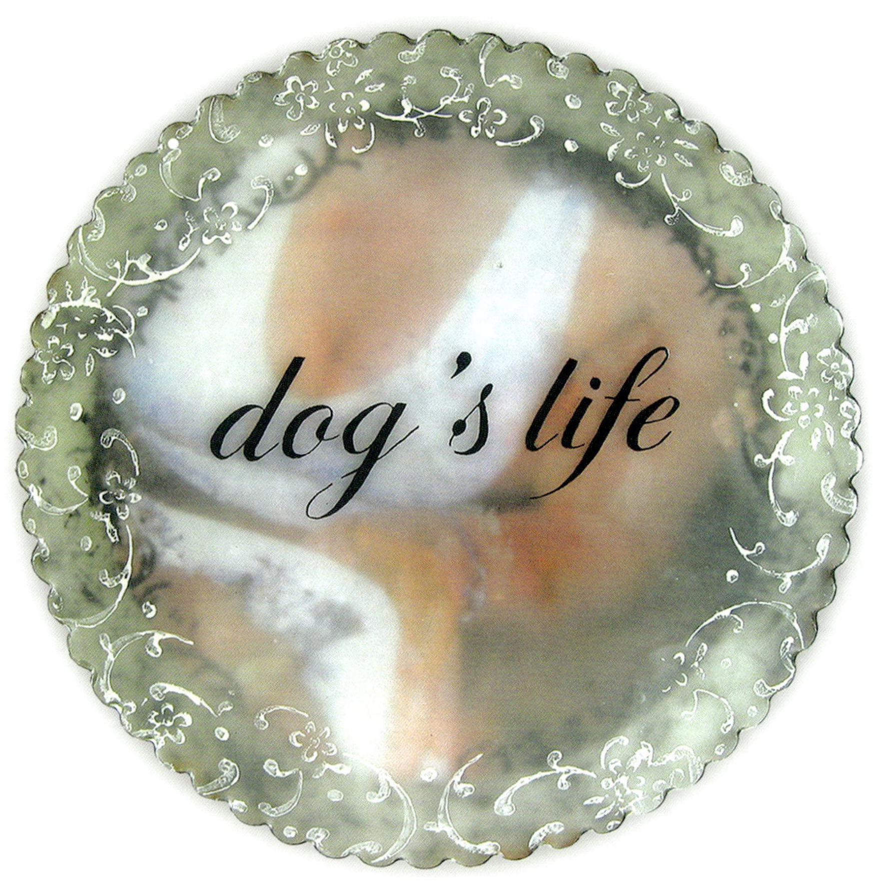

dog's life

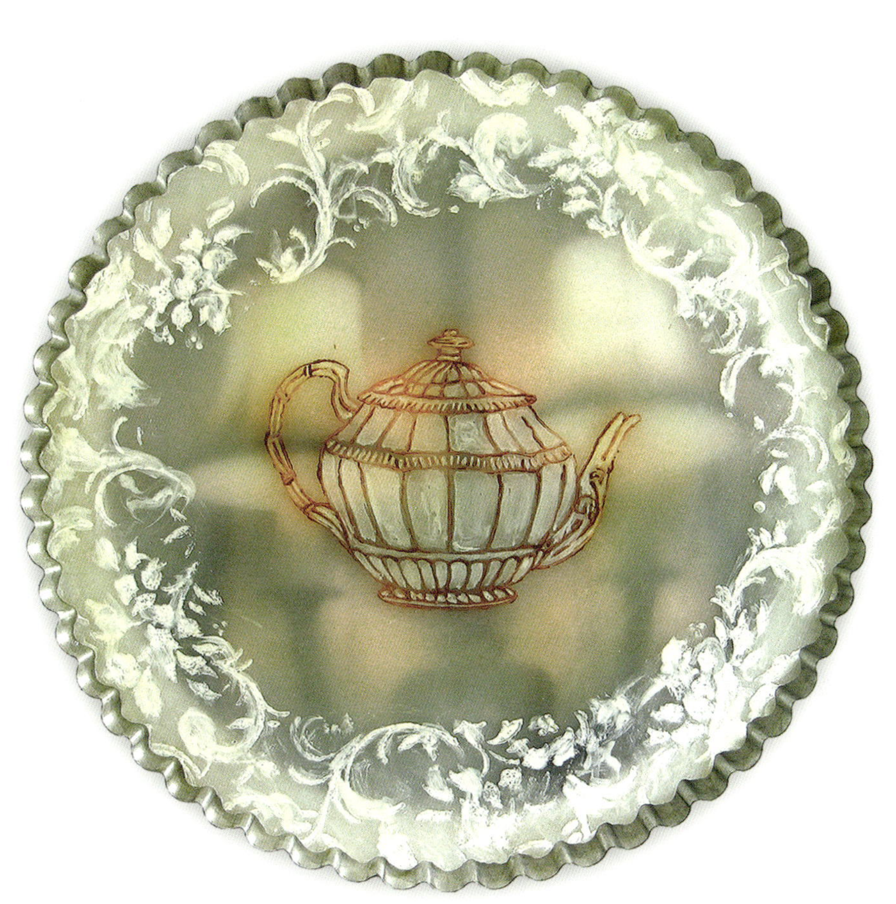

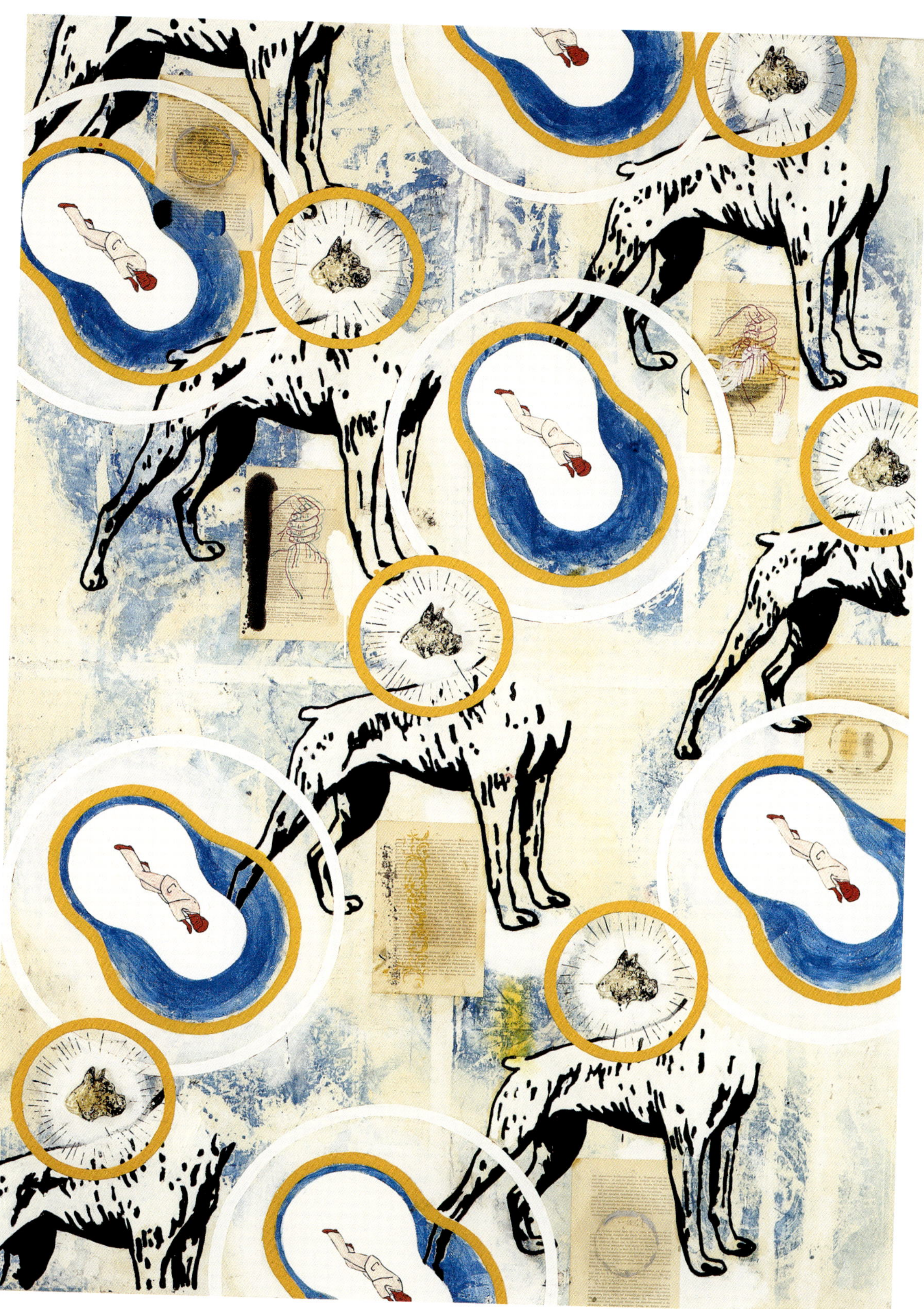

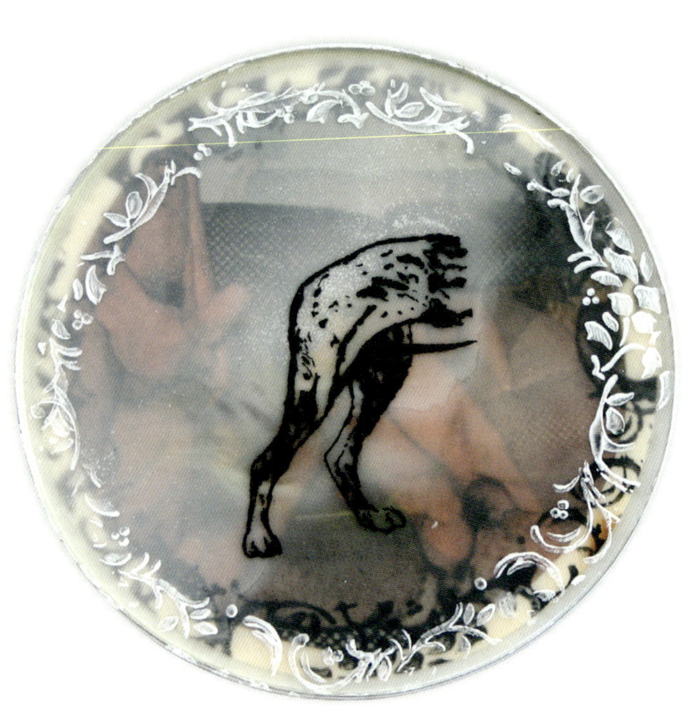

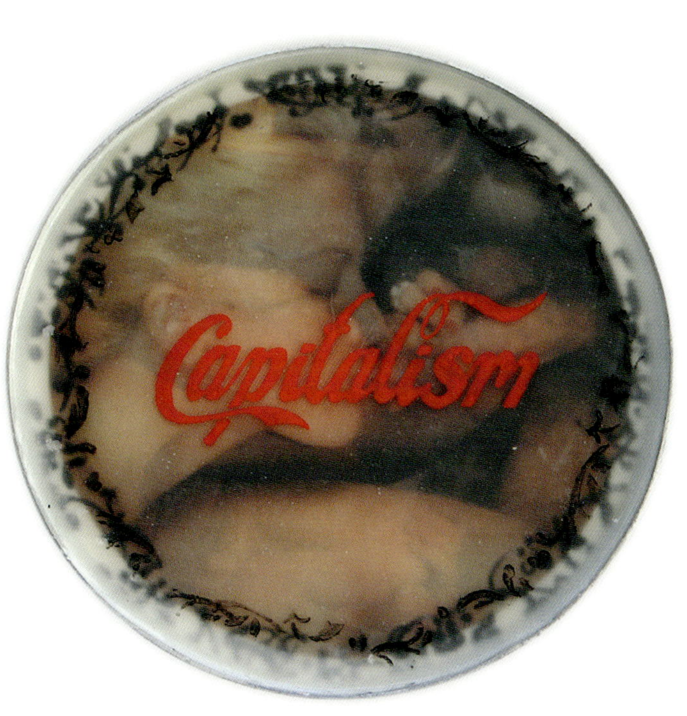
Capitalism

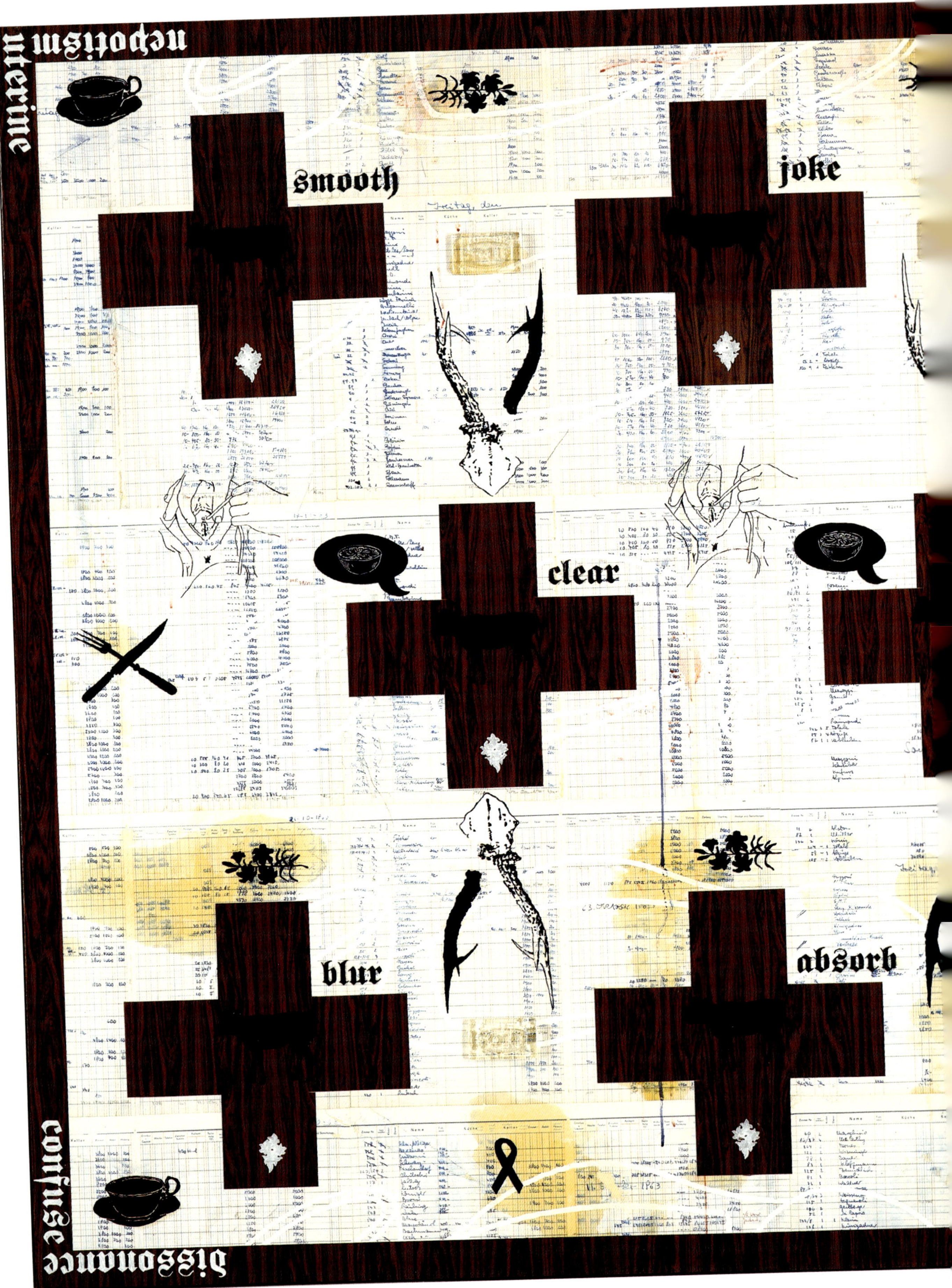

nepotism
uterine
smooth
joke
clear
blur
absorb
confuse
dissonance

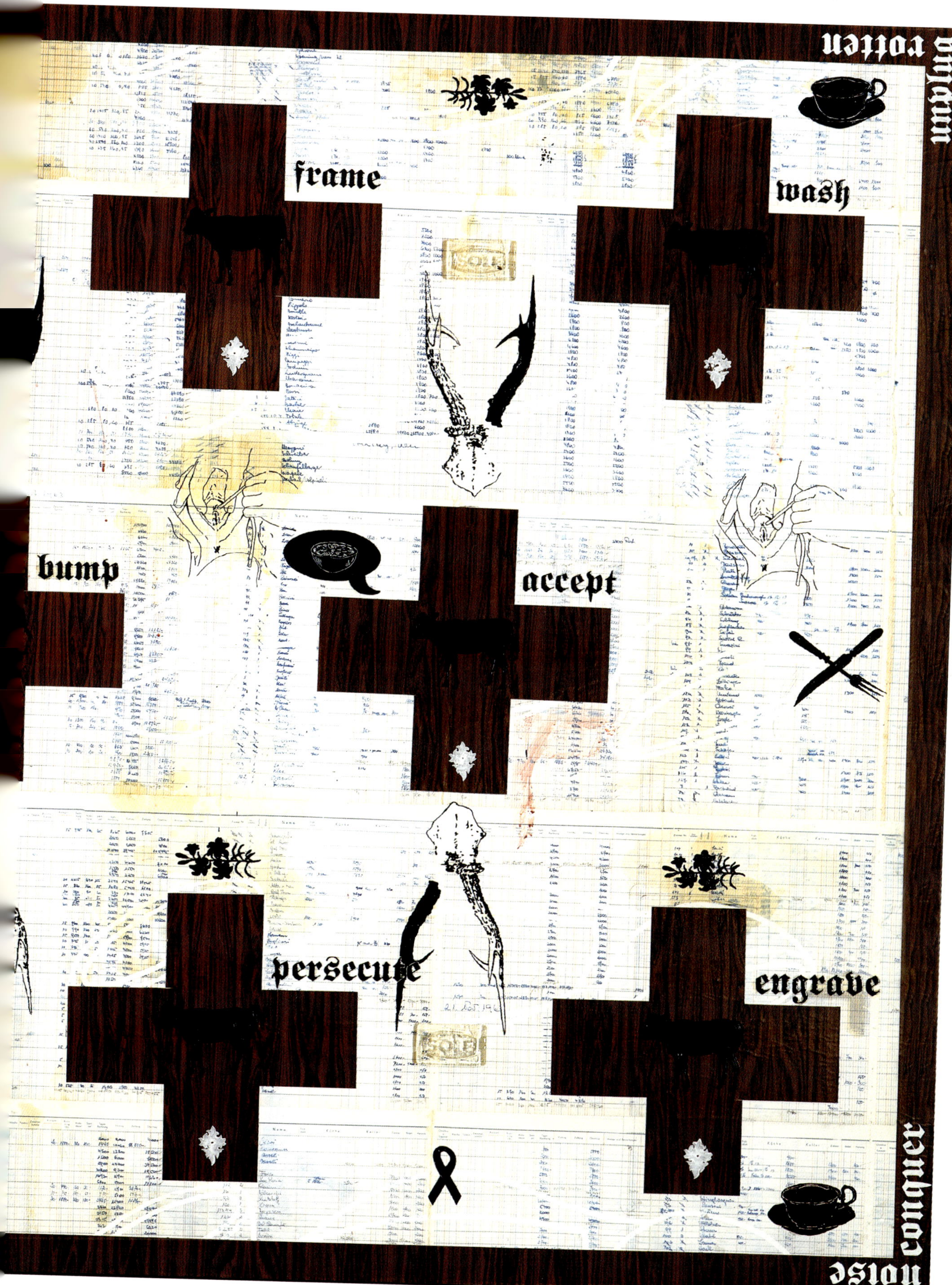
pumpkin rotten
wash
frame
bump
accept
persecute
engrave
noise conquer

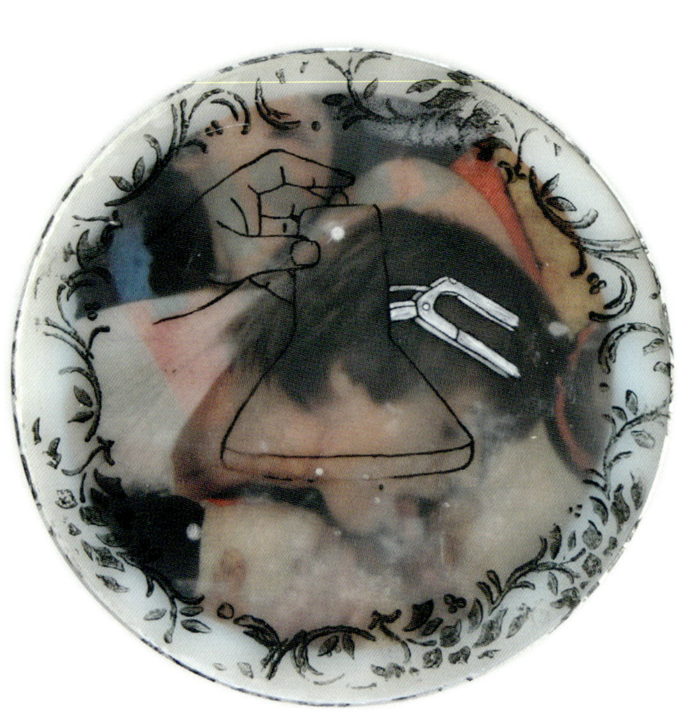

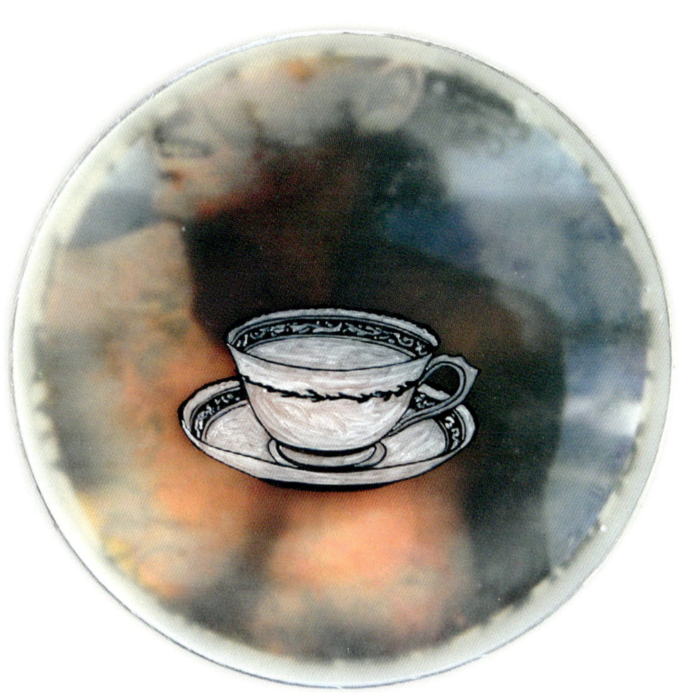

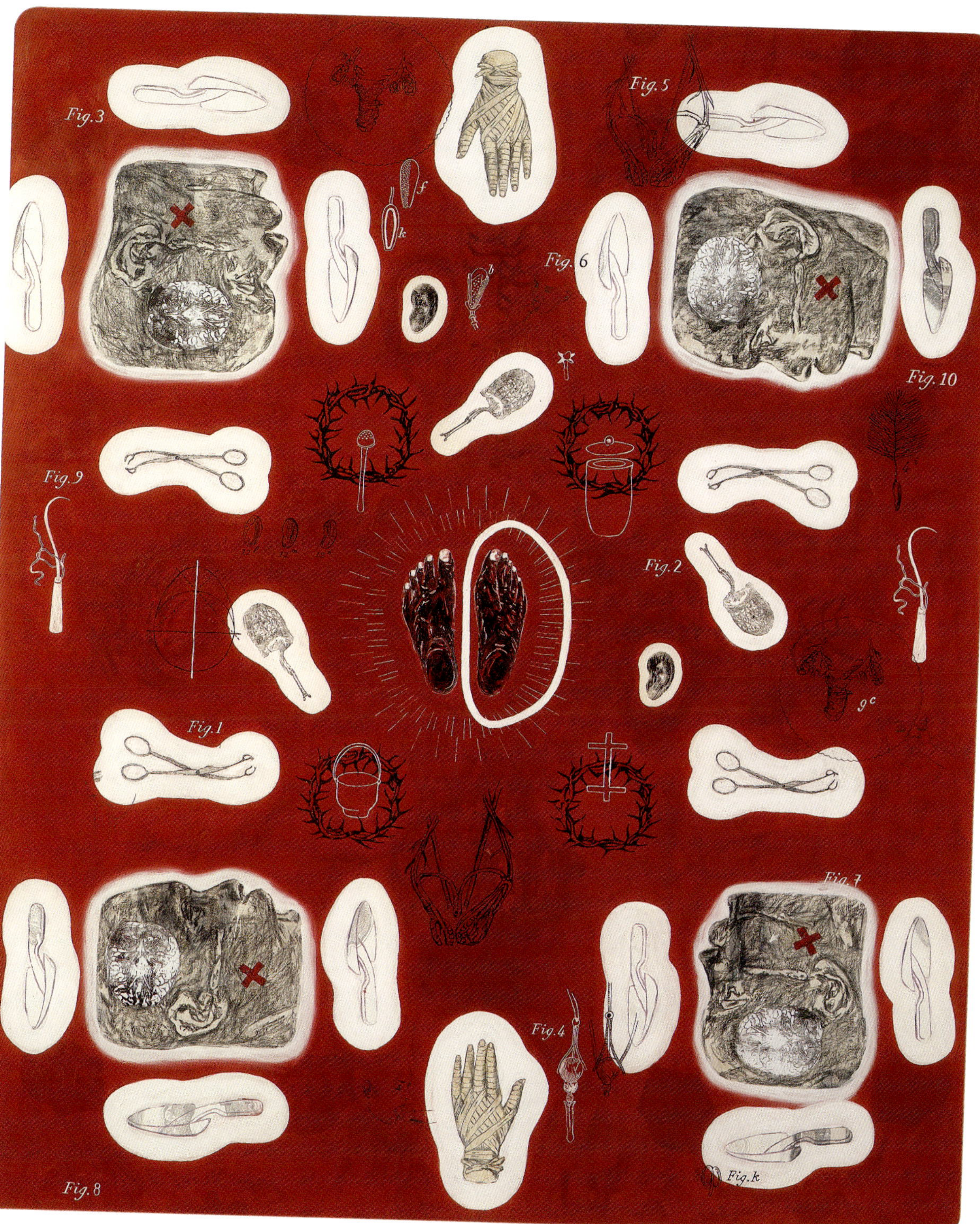

Fig. 3
Fig. 5
Fig. 6
Fig. 10
Fig. 9
Fig. 2
Fig. 1
Fig. 4
Fig. 7
Fig. 8
Fig. k

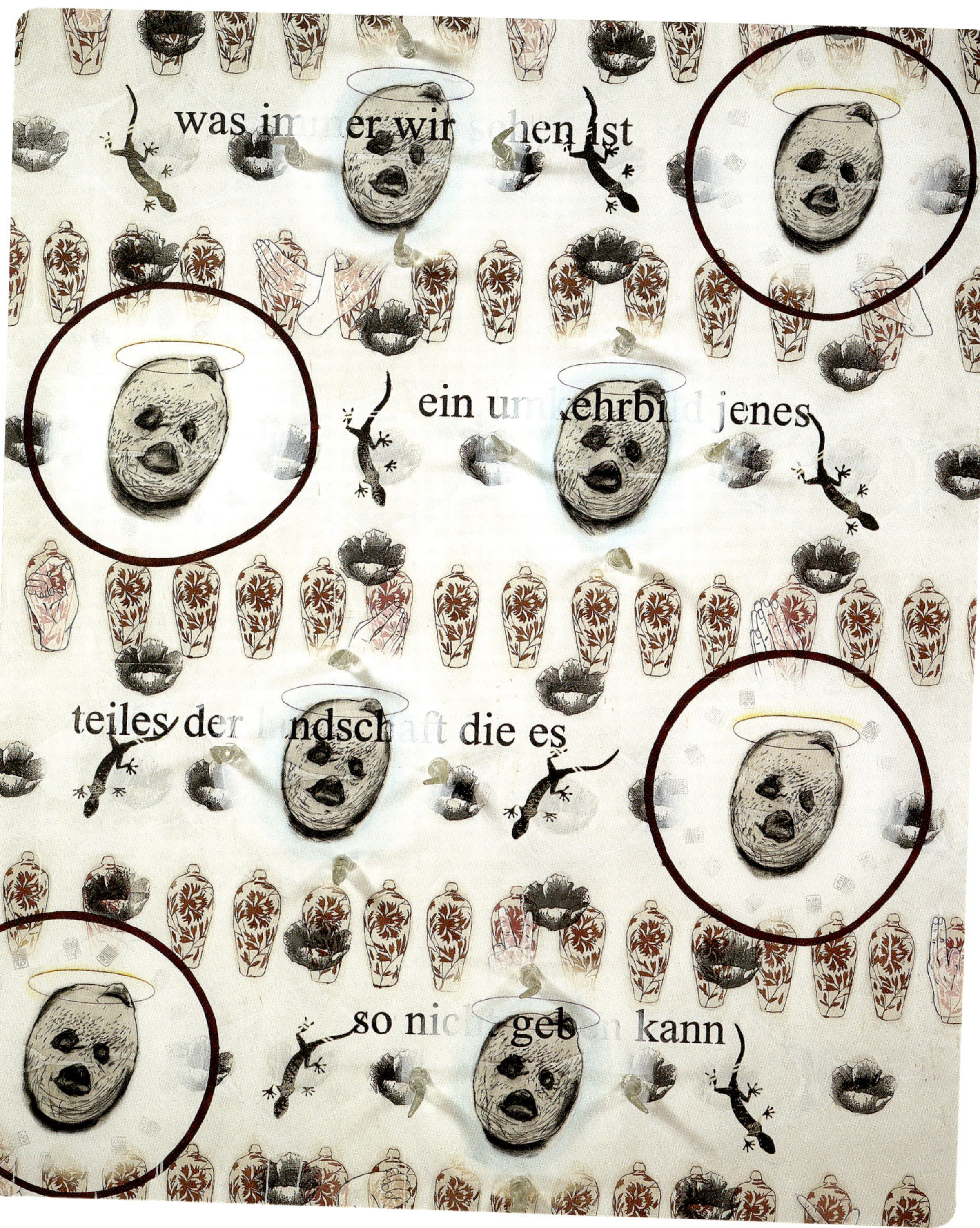

was immer wir sehen ist
ein umkehrbild jenes
teiles der landschaft die es
so nicht geben kann

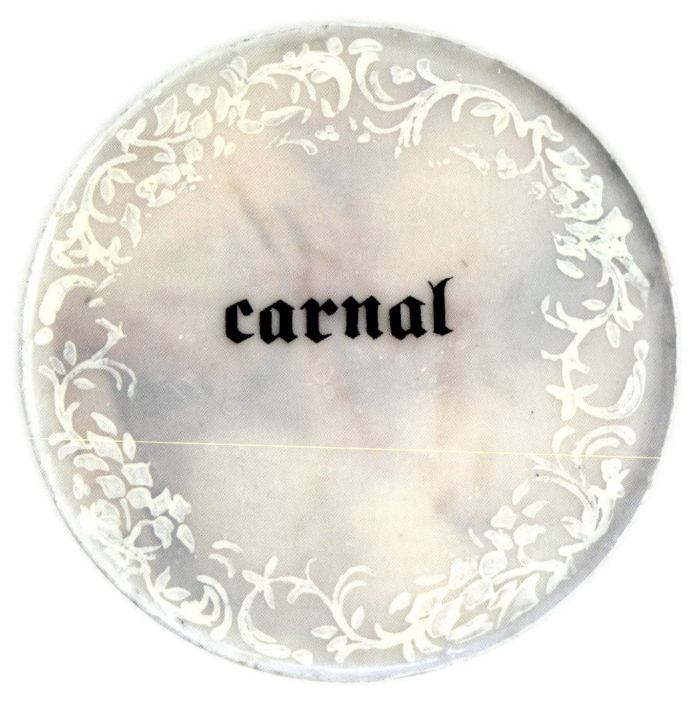
carnal

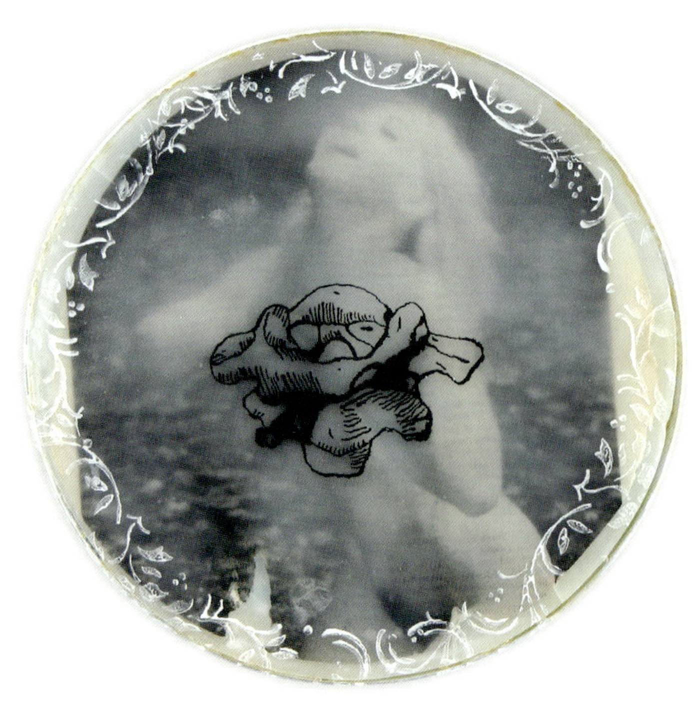

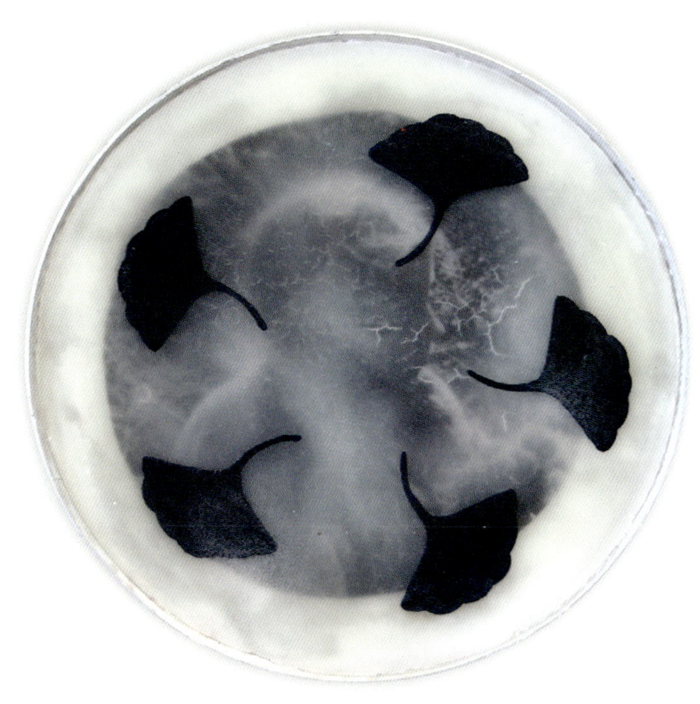

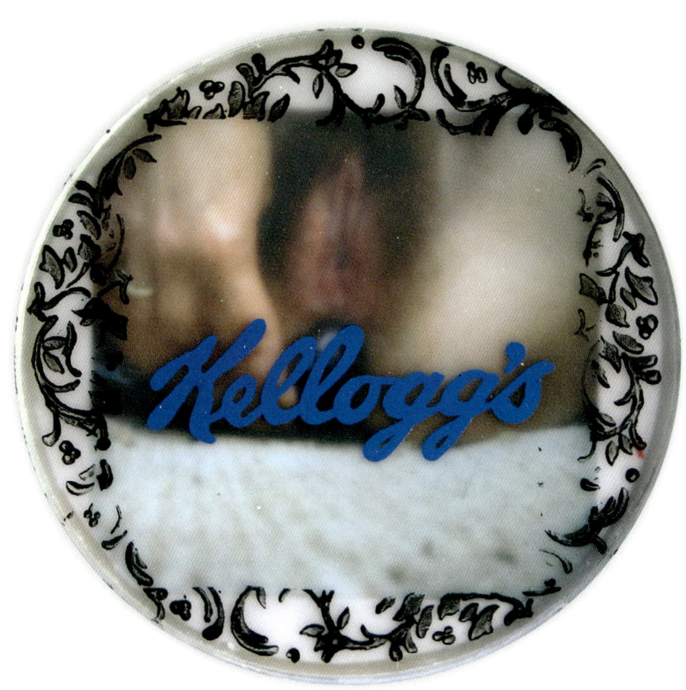
Kellogg's

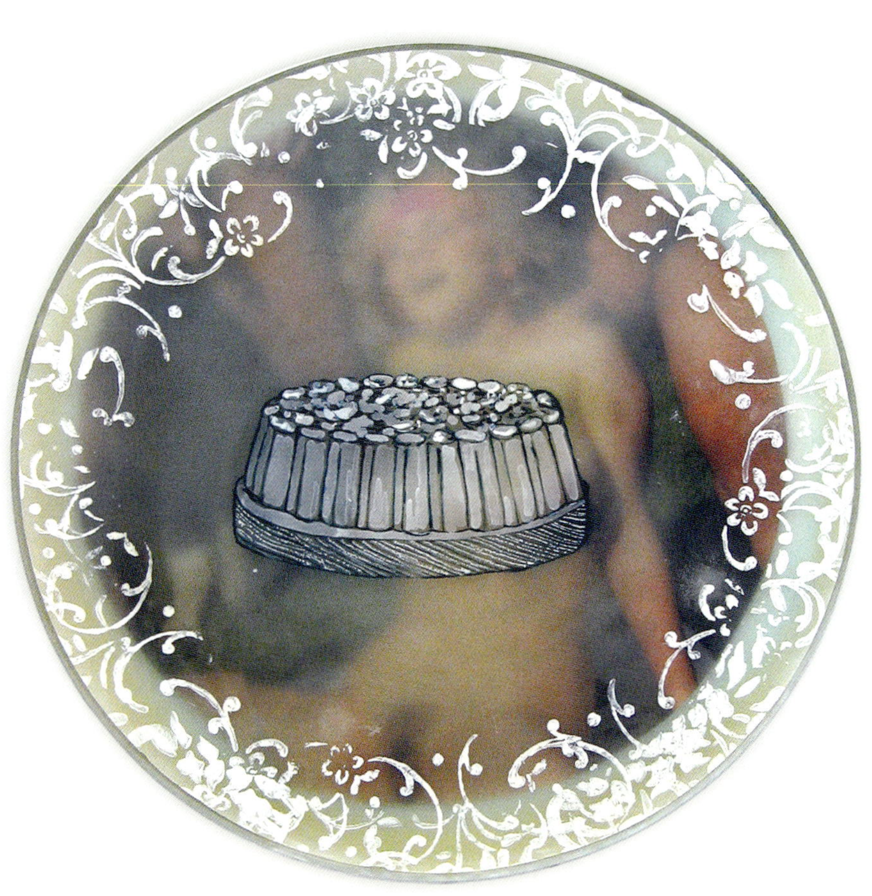

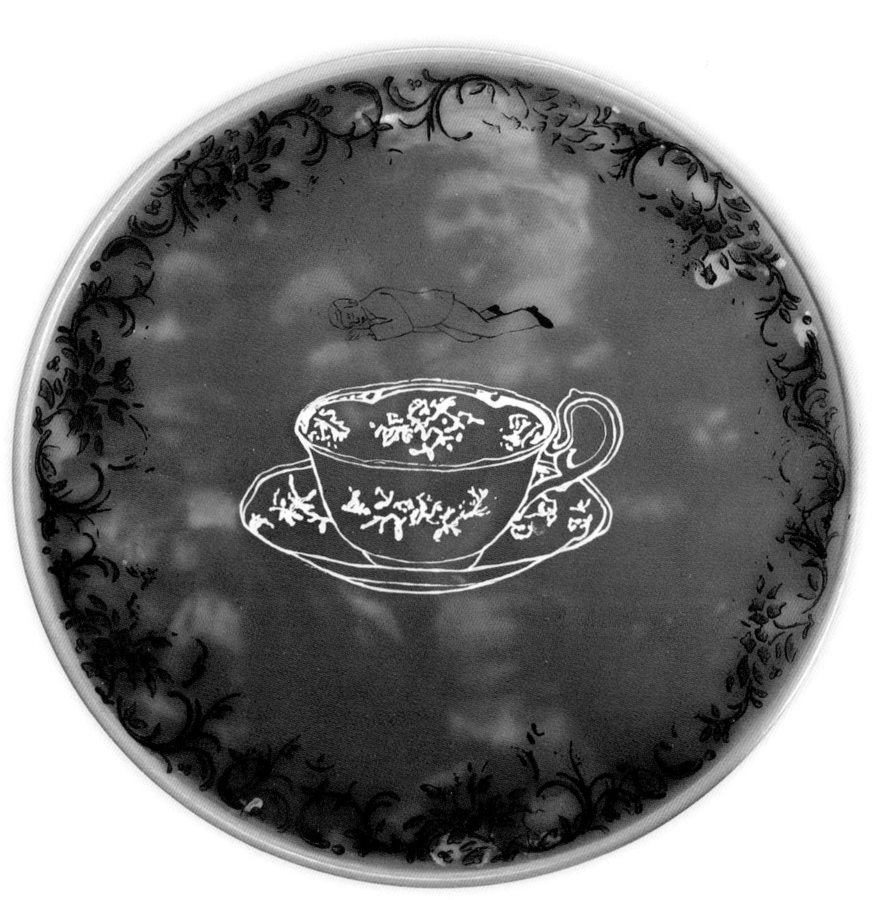

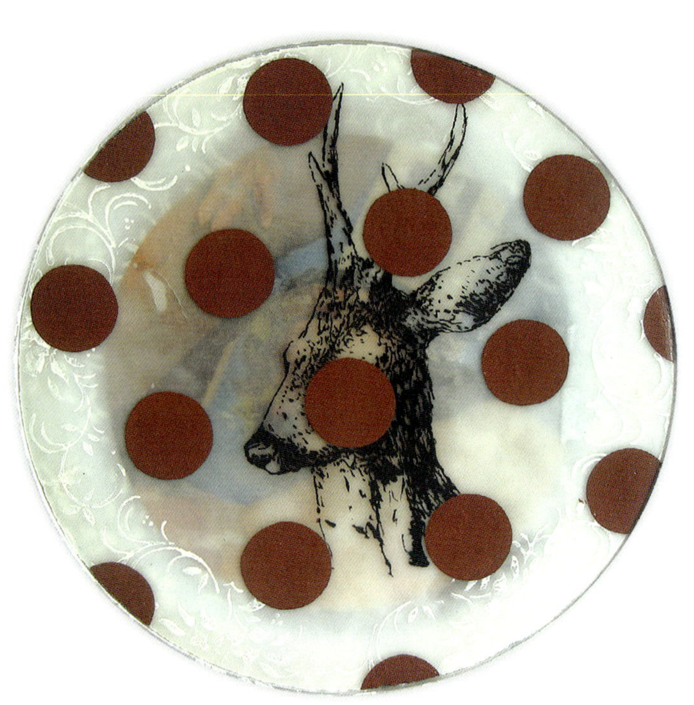

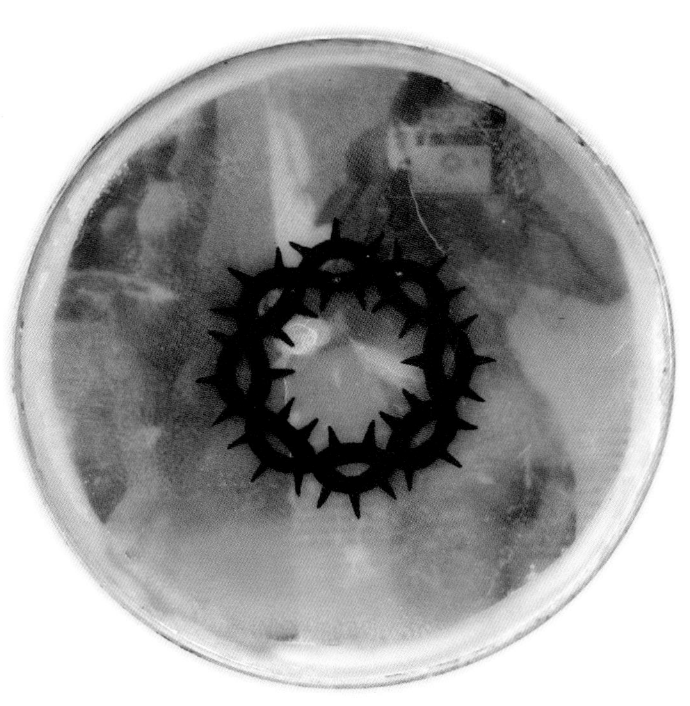

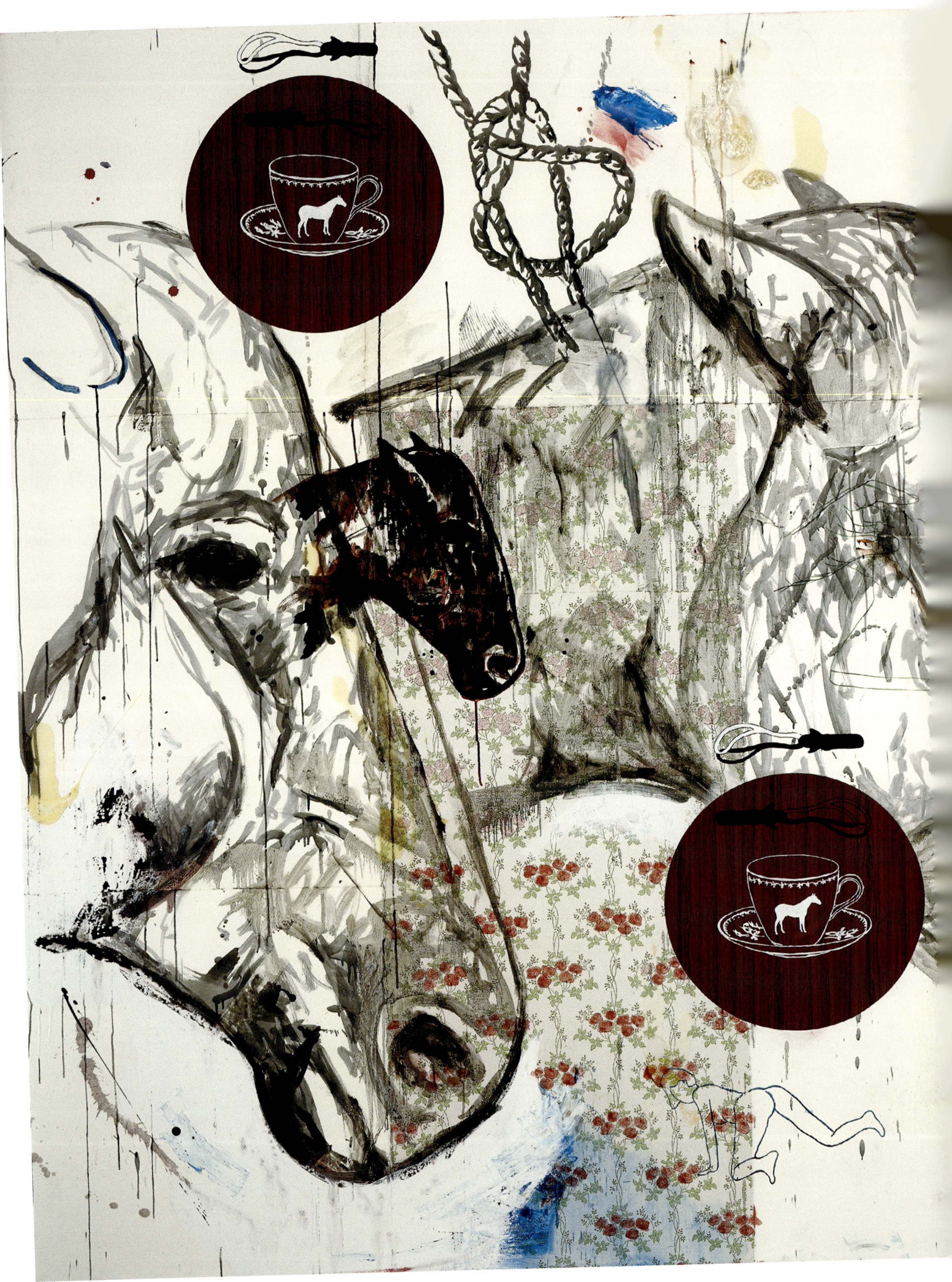

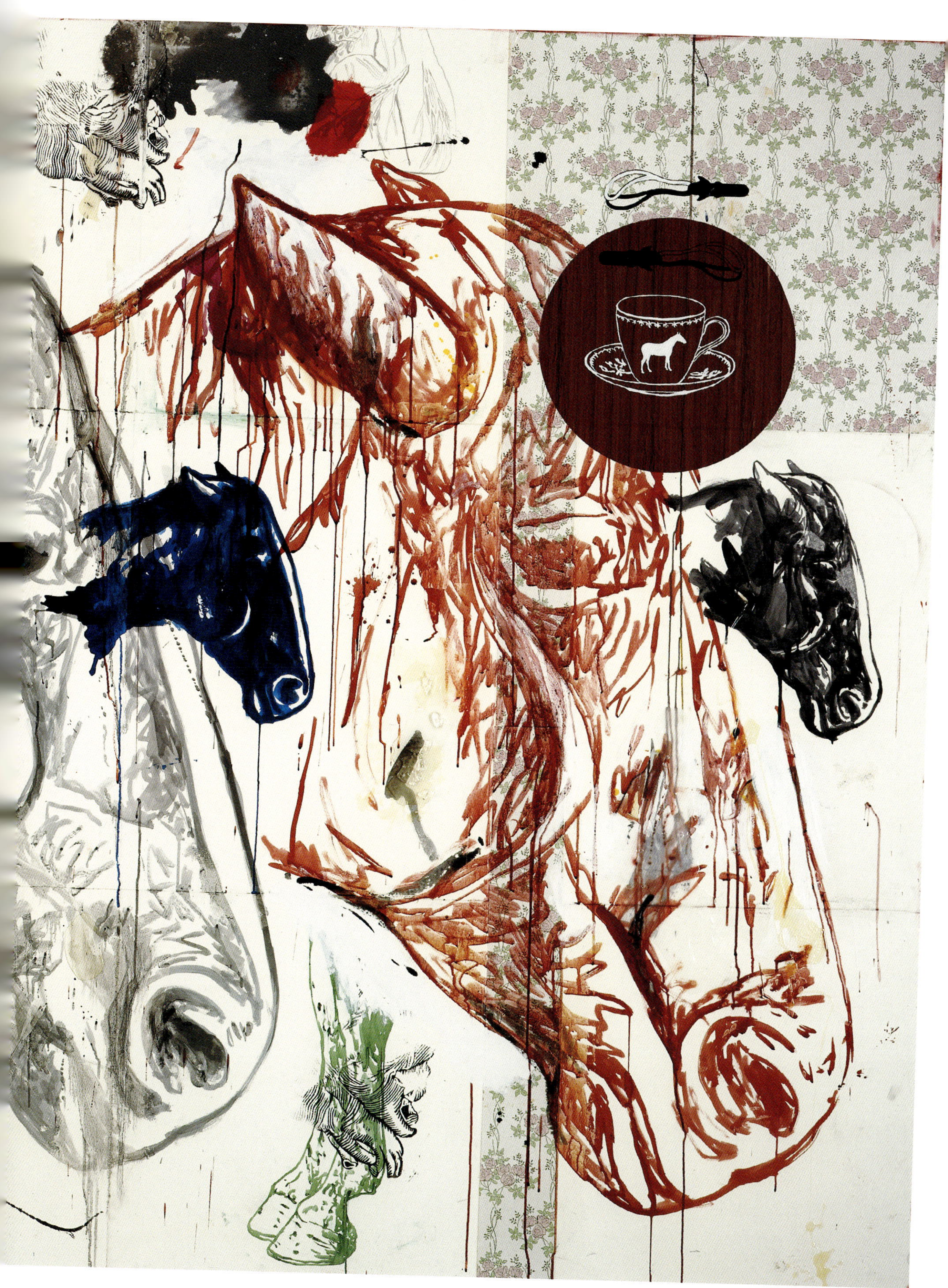

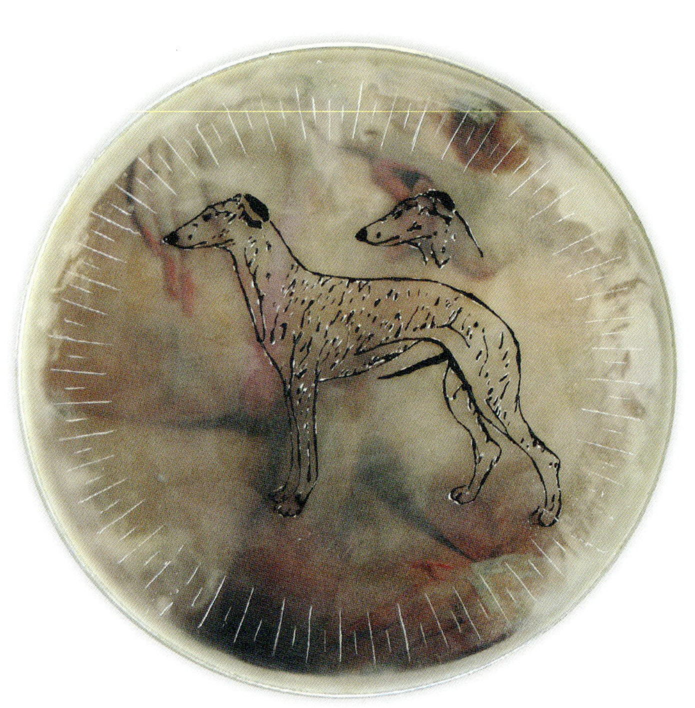

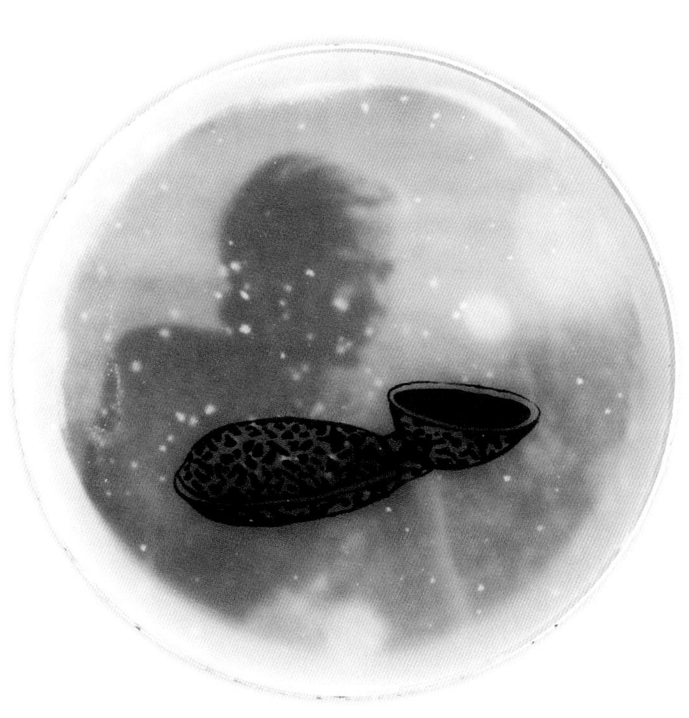

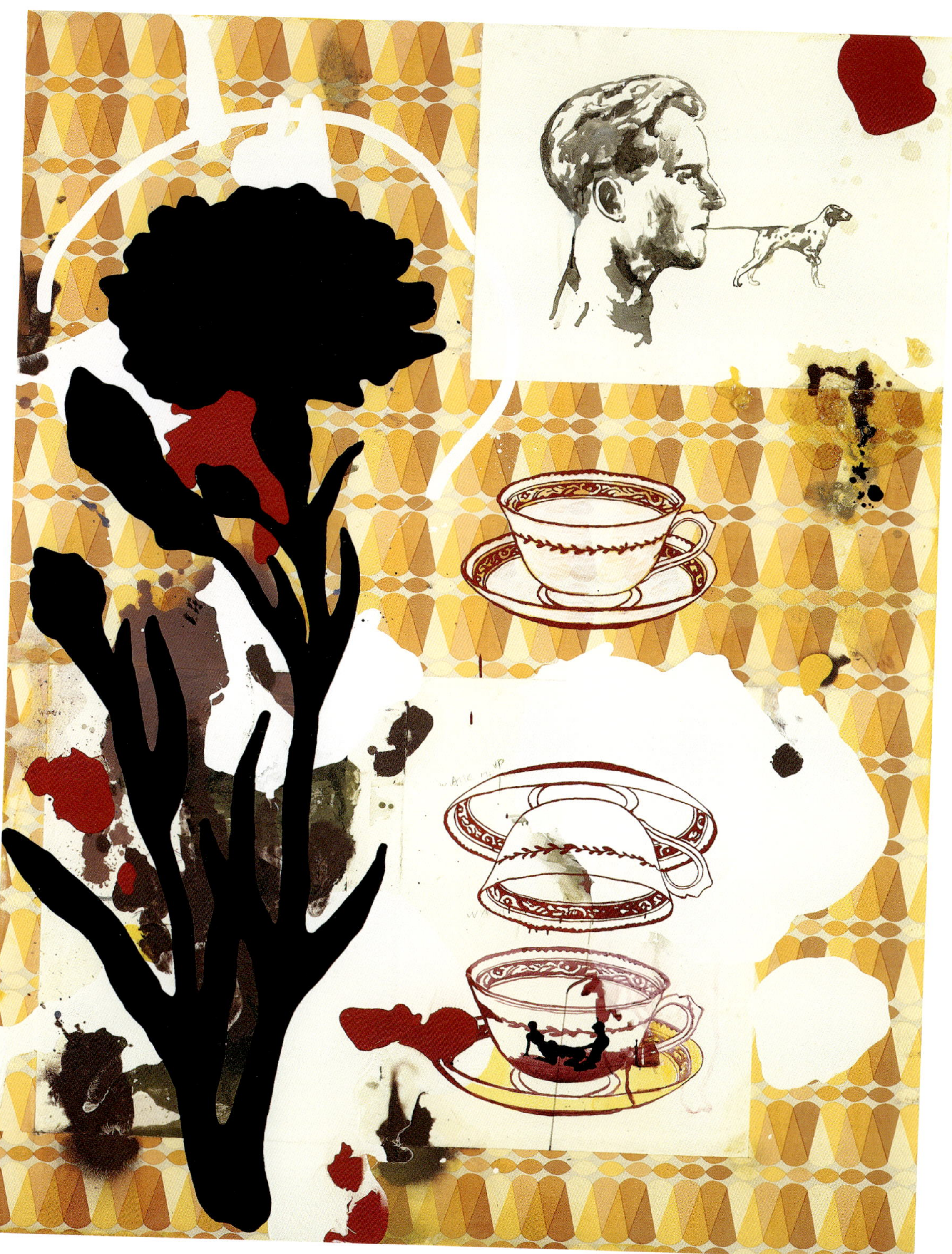

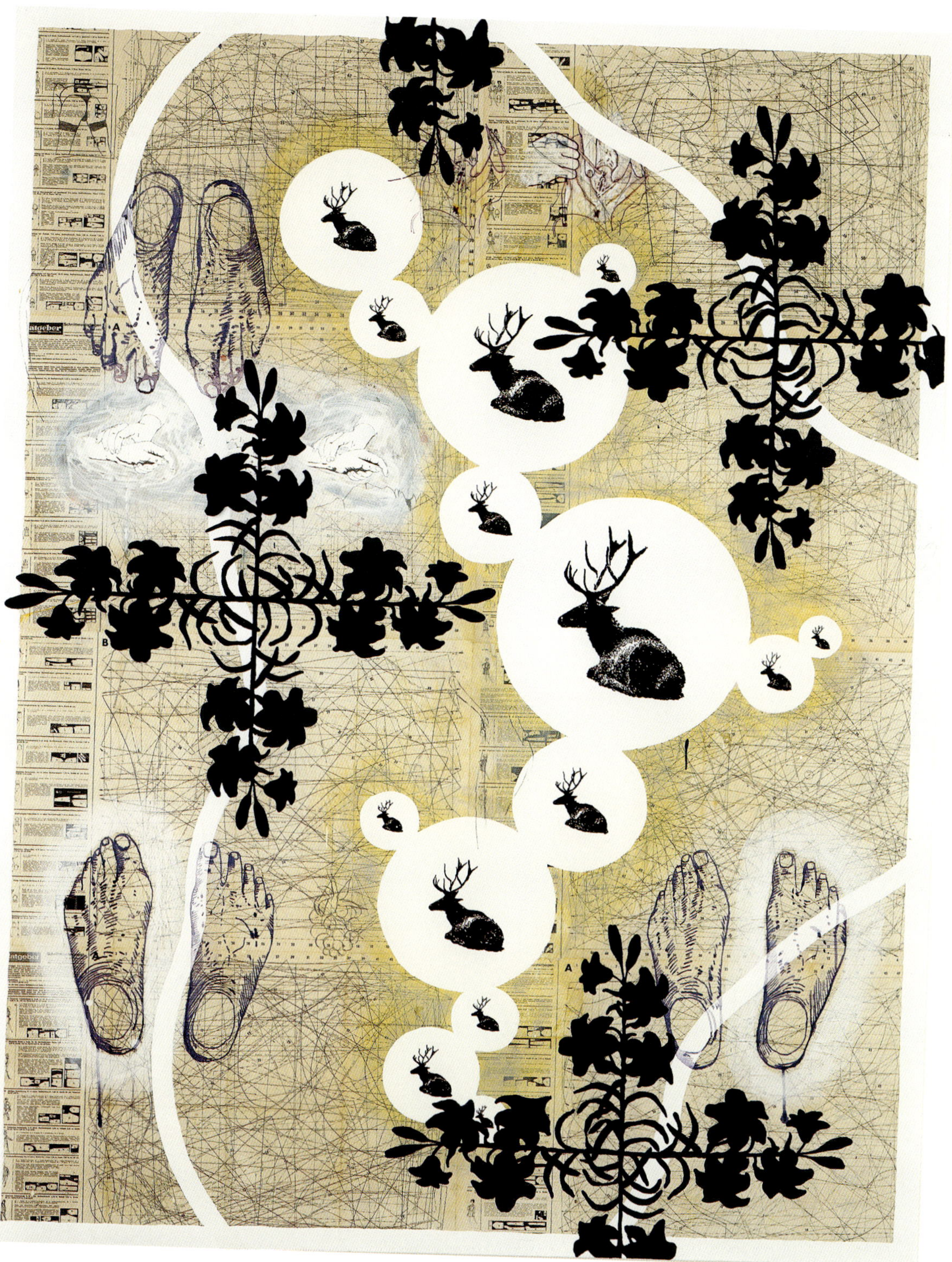

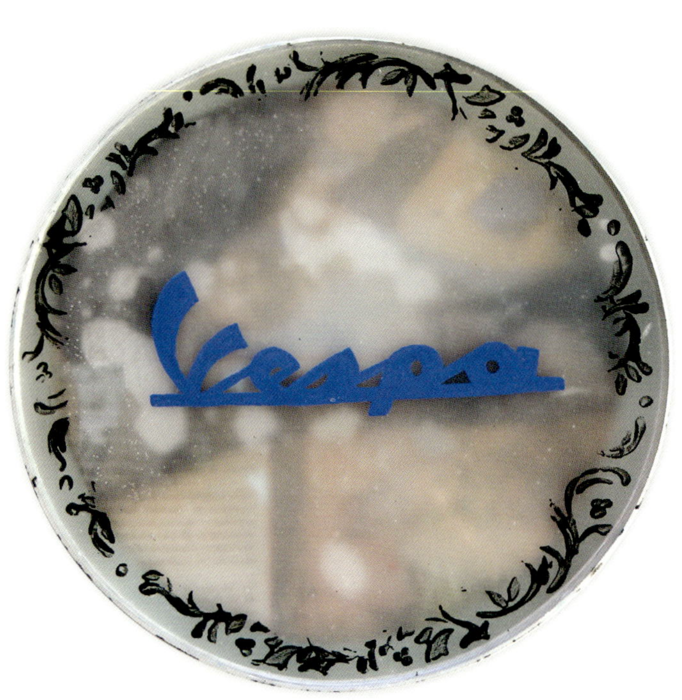
Vespa

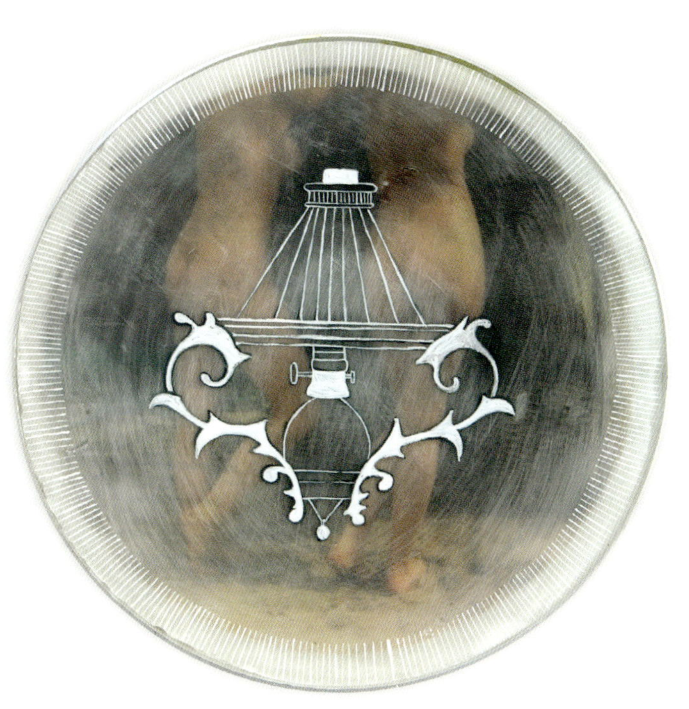

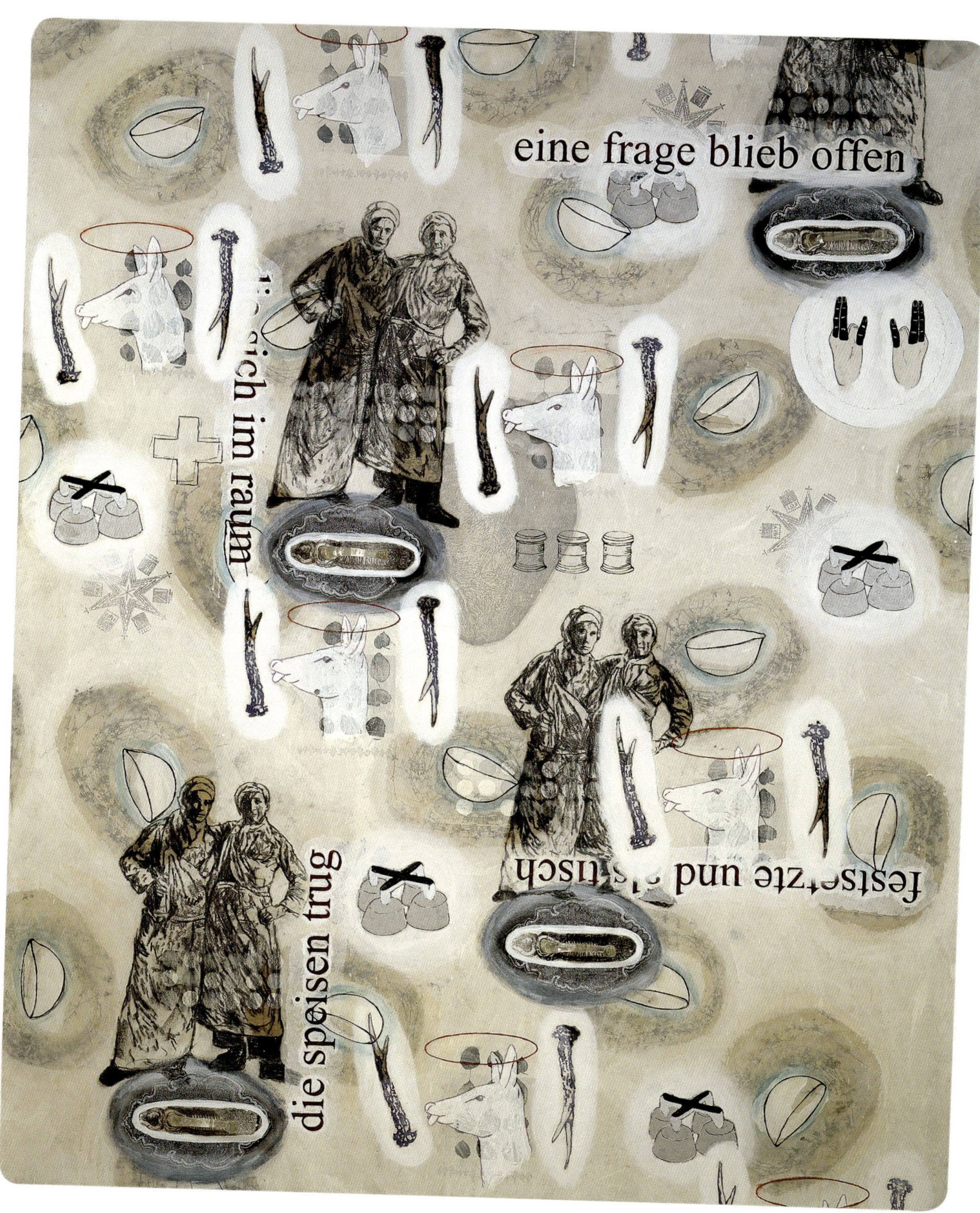

eine frage blieb offen
ich im raum
die speisen trug
festsetzte und als tisch

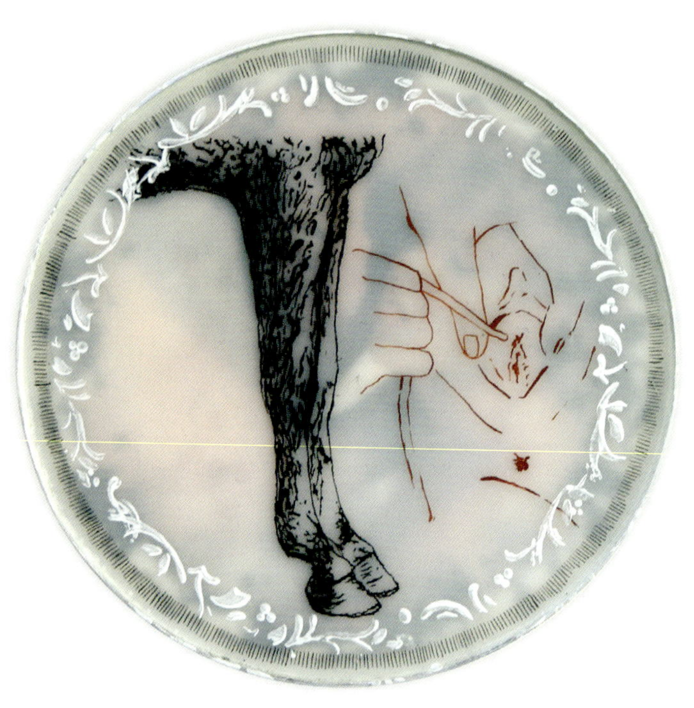

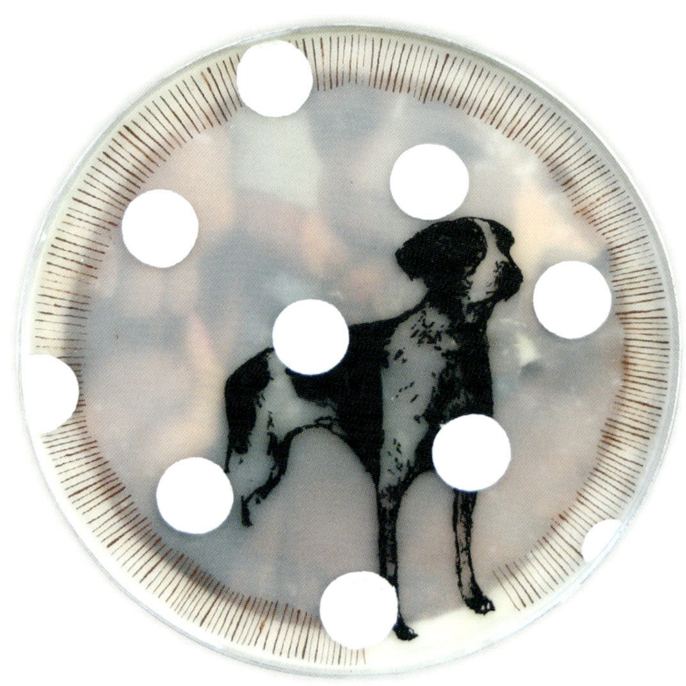

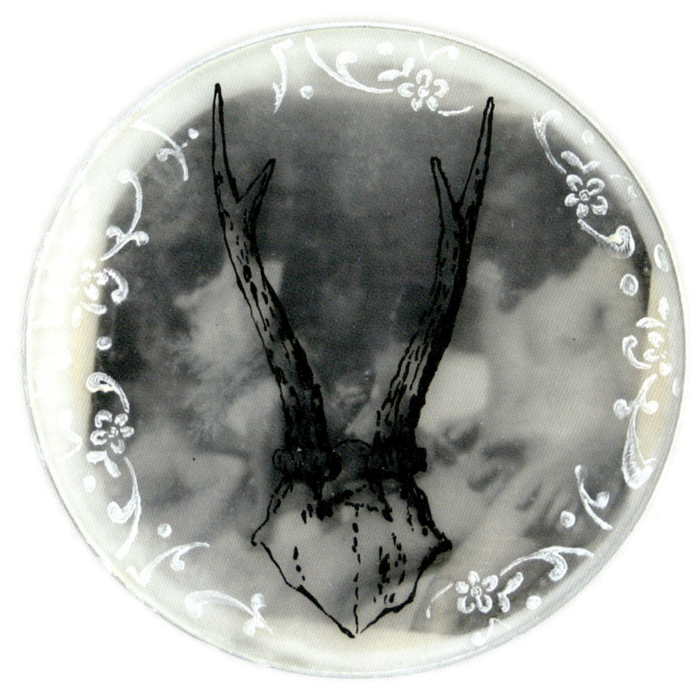

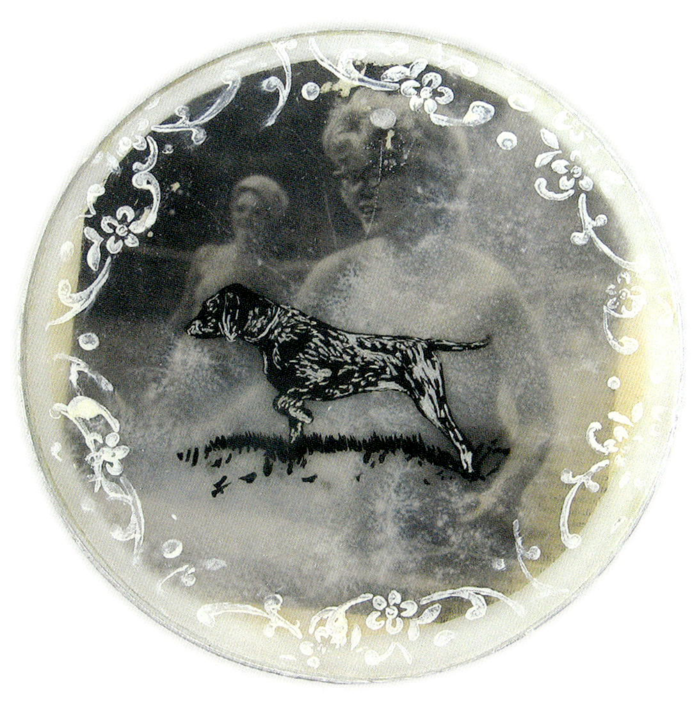

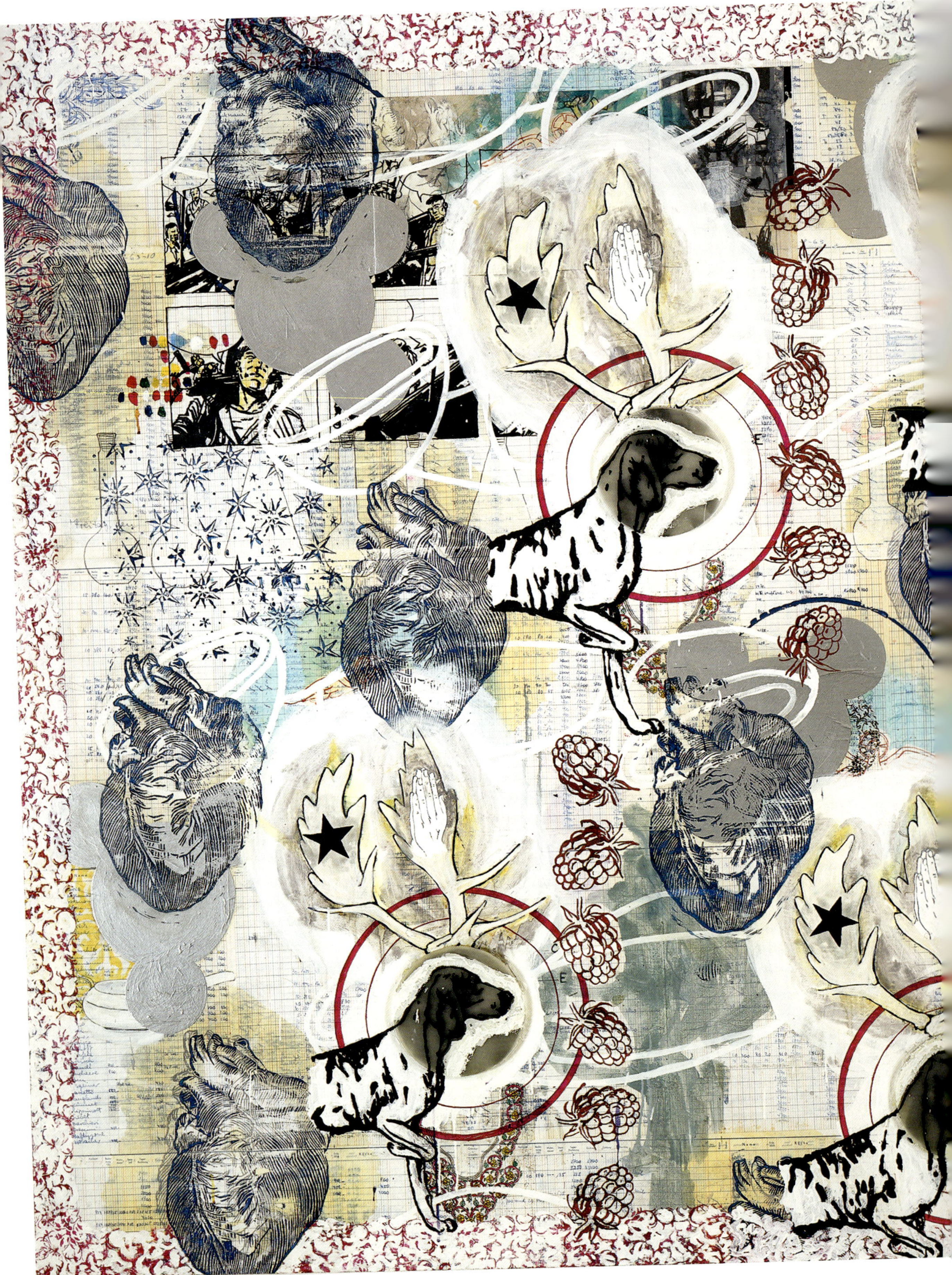

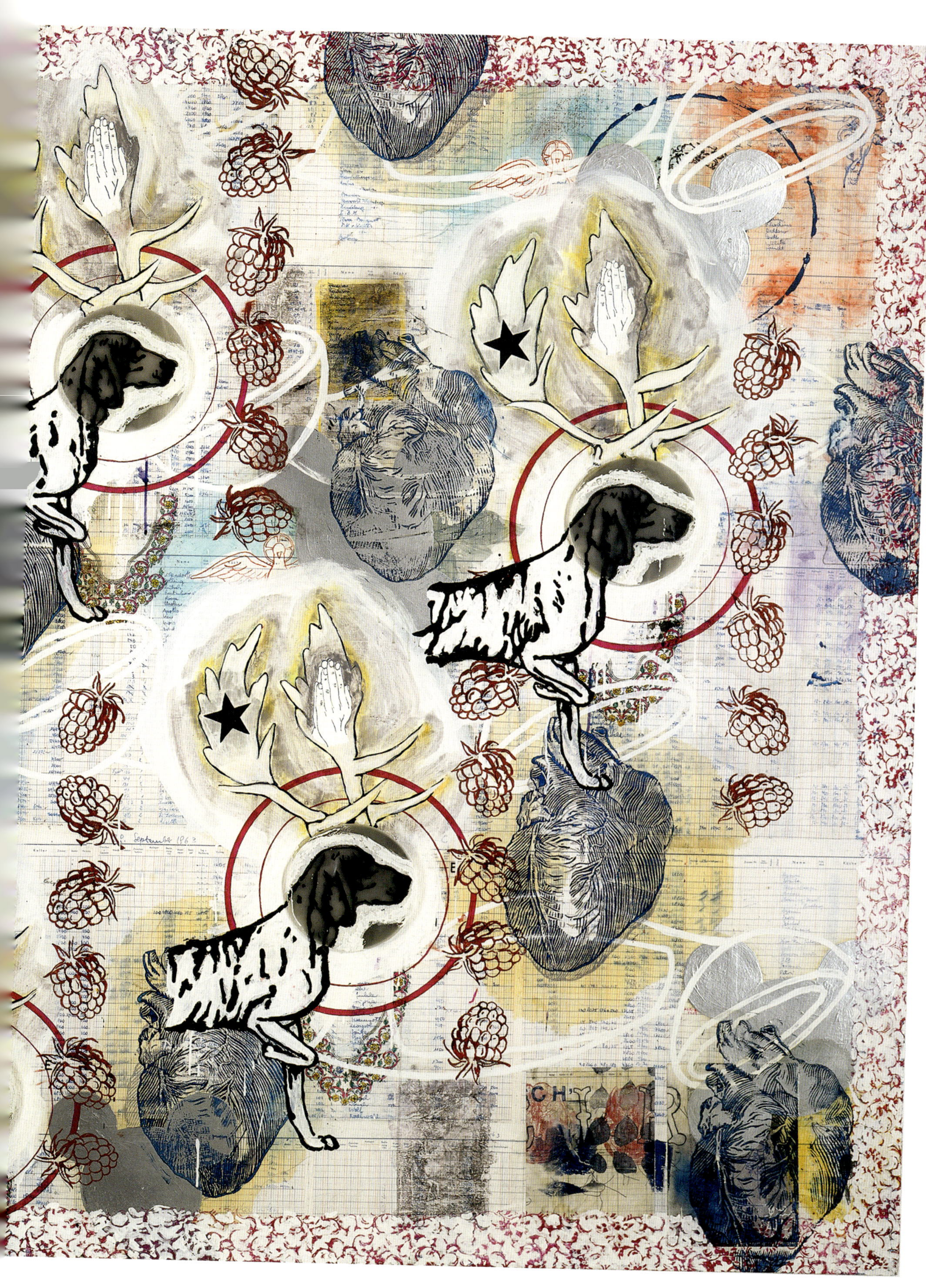

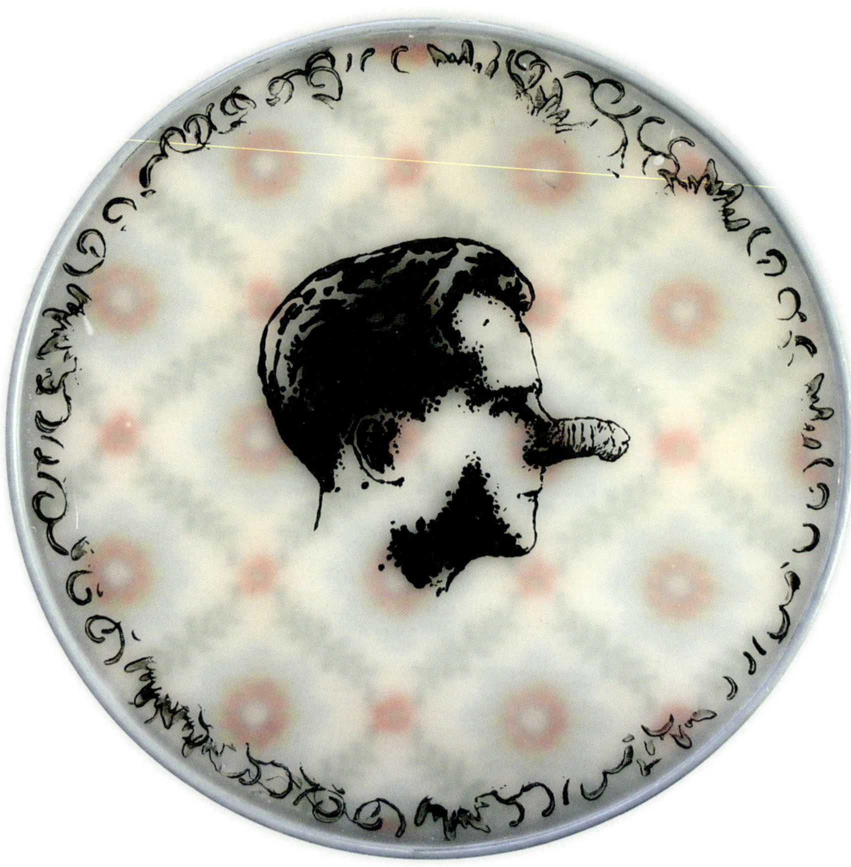

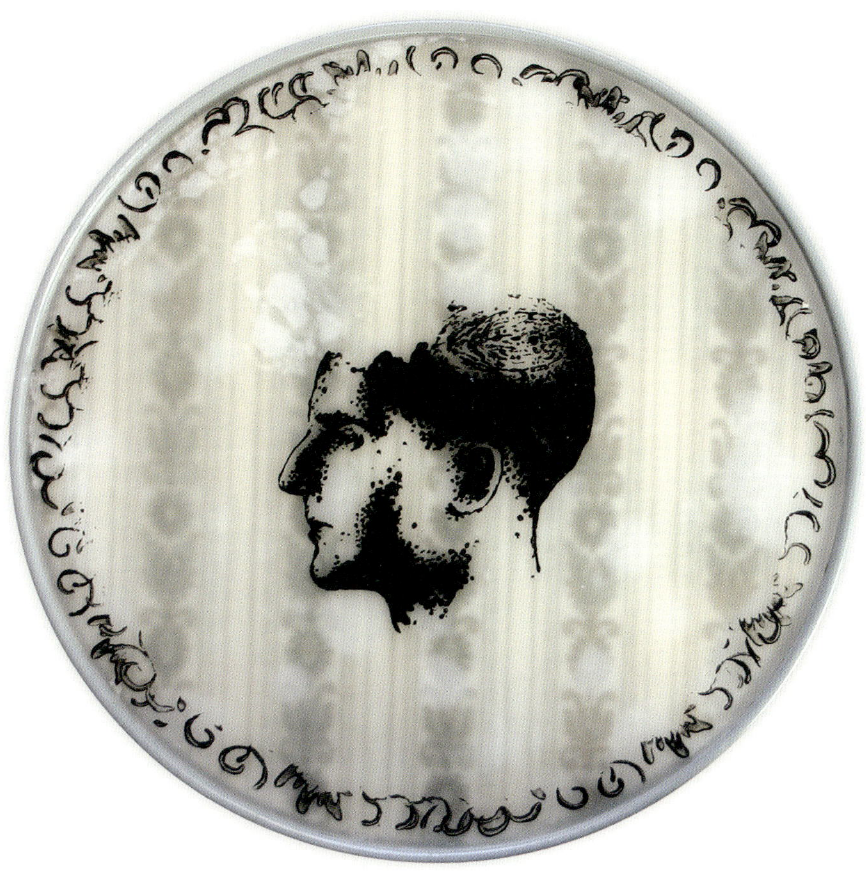

SPAZI PUBBLICI   ARBEITEN IM ÖFFENTLICHEM RAUM   WORKS IN PUBLIC SPACE

L'albergo Grifone viene ristrutturato secondo progetti di Boris Podrecca. Per la camera 107 vengono fuse in bronzo 50 saponette "SOLE" e collocate dietro e sopra il letto.

Cinquanta saponette in bronzo della marca "Sole", cm 10,5 x 8 ciascuna (1988)

www.greif.it

Das Hotel Greif in Bozen wird nach Plänen von Boris Podrecca umgebaut. Für Zimmer 107 werden fünfzig Kernseifen der Marke "SOLE" in Bronze gegossen und an die Stirnwand und Zimmerdecke angebracht.

Fünfzig in Bronze gegossene Seifen der Marke "Sole", je 10,5x8 cm (1988)

www.greif.it

The Grifone Hotel was renovated to Bori Podrecca's plans. Room 107 has 50 "SOLE" soap-bars cast in bronze and arranged behind and above the bed

Fifty bronze bars of soap, brand "Sole". Each 10.5 x 8 cm

www.greif.it

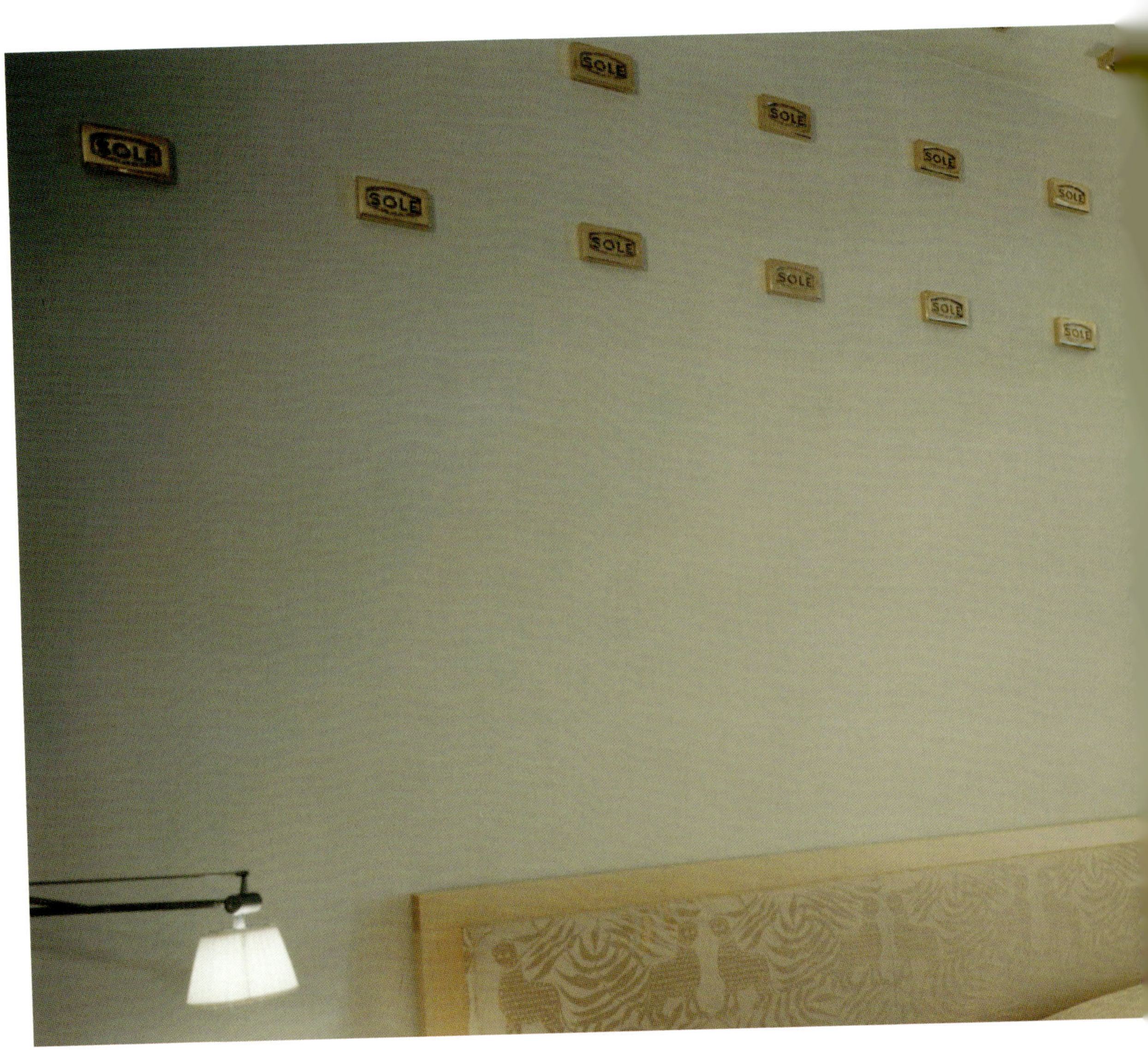

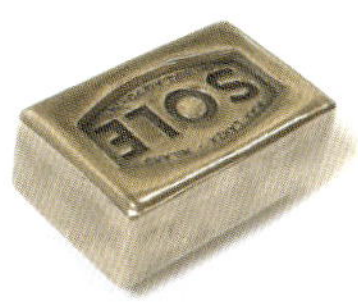

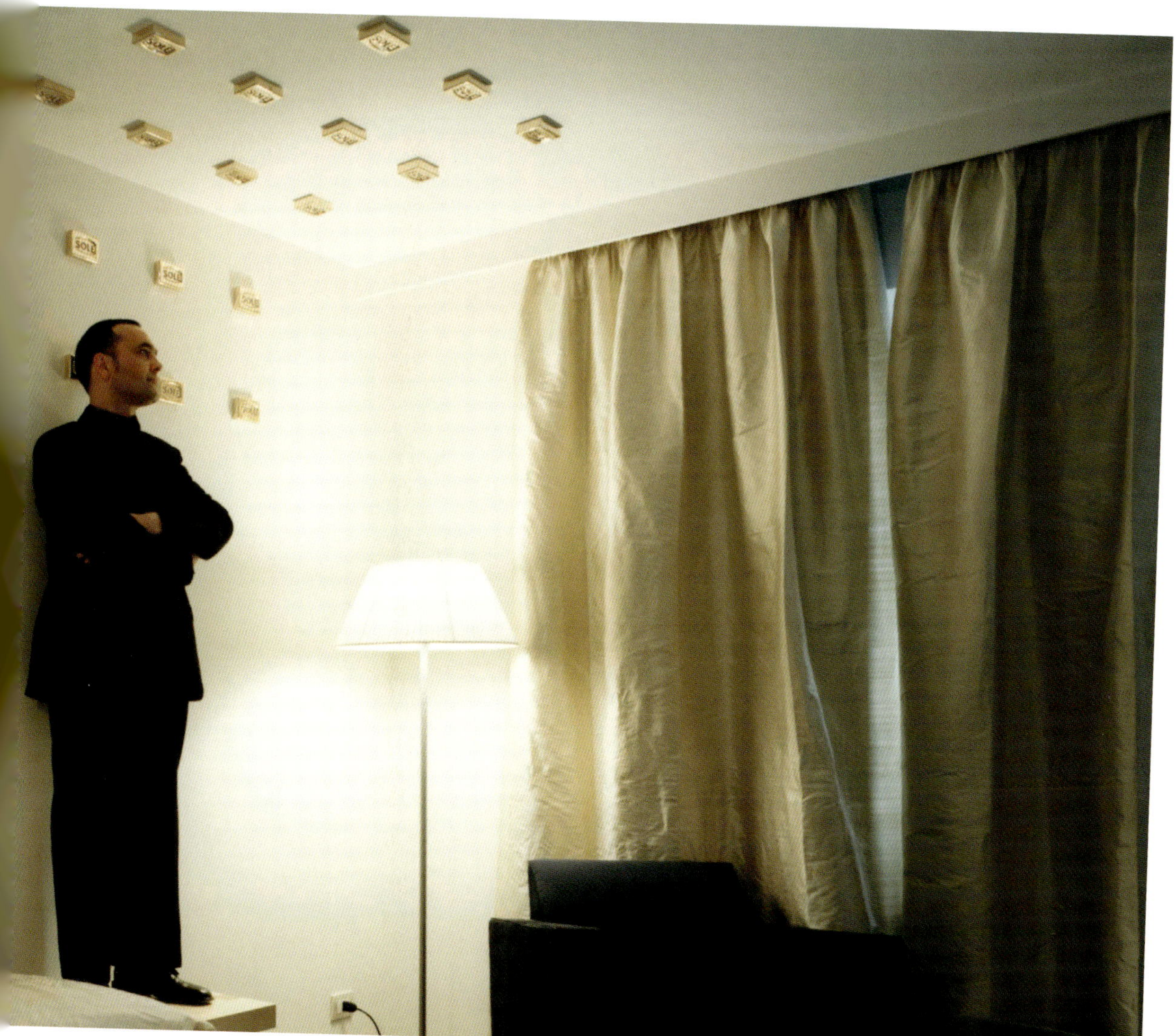

La filiale in via Bolzano viene ristrutturata secondo i progetti della ditta DreiKa. Insieme alla ditta vengono progettati l'ingresso e gli sportelli. All'interno della banca viene collocata l'installazione *Corso d'acqua*, una grondaia fusa in bronzo

Bronzo, acqua (1999)

Die Zweigstelle Boznerstrasse der Raiffeisenkasse Lana wird von der Firma DreiKa umgebaut. In Zusammenarbeit mit dieser Firma wird das Farbkonzept für den Eingangsbereich und der Schalterraum entworfen. Für die Bank wird die Arbeit *Wassersteg* konzipiert. Eine Wasserrinne wird in Bronze gegossen und trennt wie eine Horizontlinie die Stirnwand.

Bronze, Wasser (1999)

The branch in via Bolzano was renovated to a design by DreiKa & Co. The design extends to the entrance hall and counters. The installation set up inside the bank is Watercourse, a gutter cast in bronze.

Bronze, water (1999)

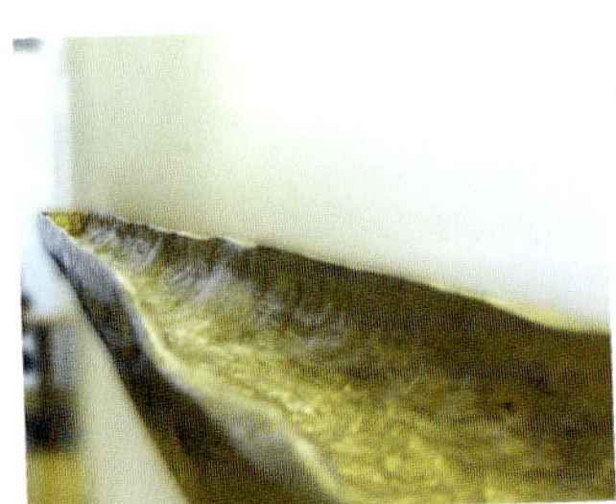
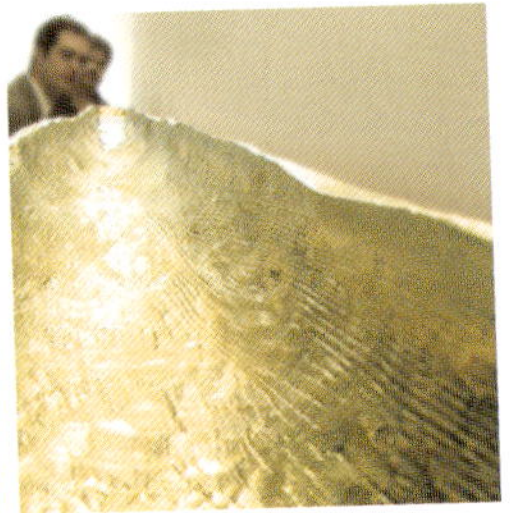

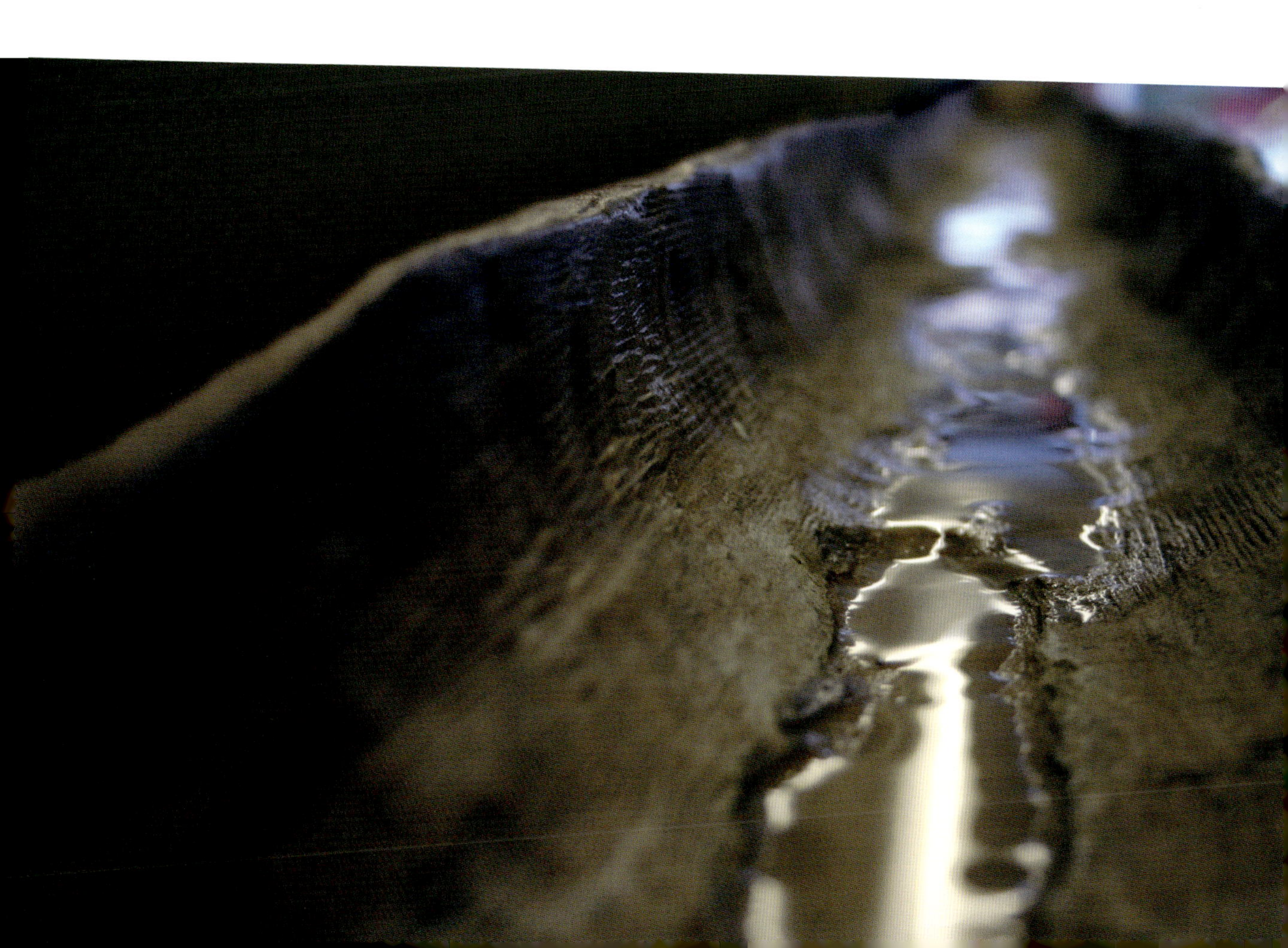

Il comune di Bolzano con la direzione di Letizia Ragaglia organizza nell'inverno 2002/3 i *ponti d'artista*. Sul ponte Loreto vengono installati tre punti di ritrovo. Questi sono attrezzati con un piccolo bancone e con degli radiatori caldi. Scritte al neon segnalano ogni singolo punto: Stella, Franz, Natascha. L'inaugurazione è una grande festa in strada. Vicini, senzatetto e passanti trasformano l'evento in una festa natalizia sul ponte.

Aluminiuo, plexiglas, radiatori, scritte al neon, legno (2002)

Come approfondimento del vivere in ed accanto alla strada vengono coinvolte persone in interviste. Tassisti, prostitute, pedoni e senzatetto raccontano della loro vita. Queste interviste insieme ad una documentazione fotografica vengono pubblicate su un sito web. In collaborazione con Max Mariz.

www.transithotel.net

Unter Leitung der Kuratorin Letizia Ragaglia in Zusammenarbeit mit der Kulturabteilung der Stadtgemeinde Bozen werden im Winter 2002/3 Künstler beauftragt, die Brücken der Stadt zu bespielen. Für die Loretobrücke wird die Arbeit "Transithotel" konzipiert. Drei Warte- und Ruhepunkte werden auf die Brücke gebaut. Sie sind mit einer kleinen Theke und mit einem Heizkörper ausgestattet und sie tragen Namen in Neonlettern: Stella, Franz, Natascha. Zur Eröffnung findet ein Fest statt, an dem Anrainer und Obdachlose eingeladen sind.

Aluminium, Plexiglas, Heizkörper, Neonschrift, Holz (2002)

Zusammen mit Max Mariz wird als ergänzende Aktion eine Umfrage in der Stadt durchgeführt: Taxilenker, Prostituierte, Fussgänger, Obdachlose oder Anrainer werden befragt wie sie mit der Strasse leben. Diese Gespräche werden zusammen mit einer Fotodokumentation in einem Internetforum veröffentlicht.

www.transithotel.net

Under the curatorship of Letizia Ragaglia, the municipality of Bolzano organized artist bridges during winter 2002/3.
Three meeting points were installed on the Loreto bridge. These were furnished with a small desk and hot radiators. Neon signs advertised each point: Stella, Franz, Natascha. The neighbouring people and the homeless were invited to the inauguration which turned into a great street party.

Aluminium, perspex, radiators, neon signs, wood (2002)

By way of exploring what it means to live on and in the street, a number of people were interviewed. Taxi-drivers, prostitutes, pedestrians and down-and-outs tell their stories. The interviews, with photographic documentation, are published in a Website. In collaboration with Max Mariz.

www.transithotel.net

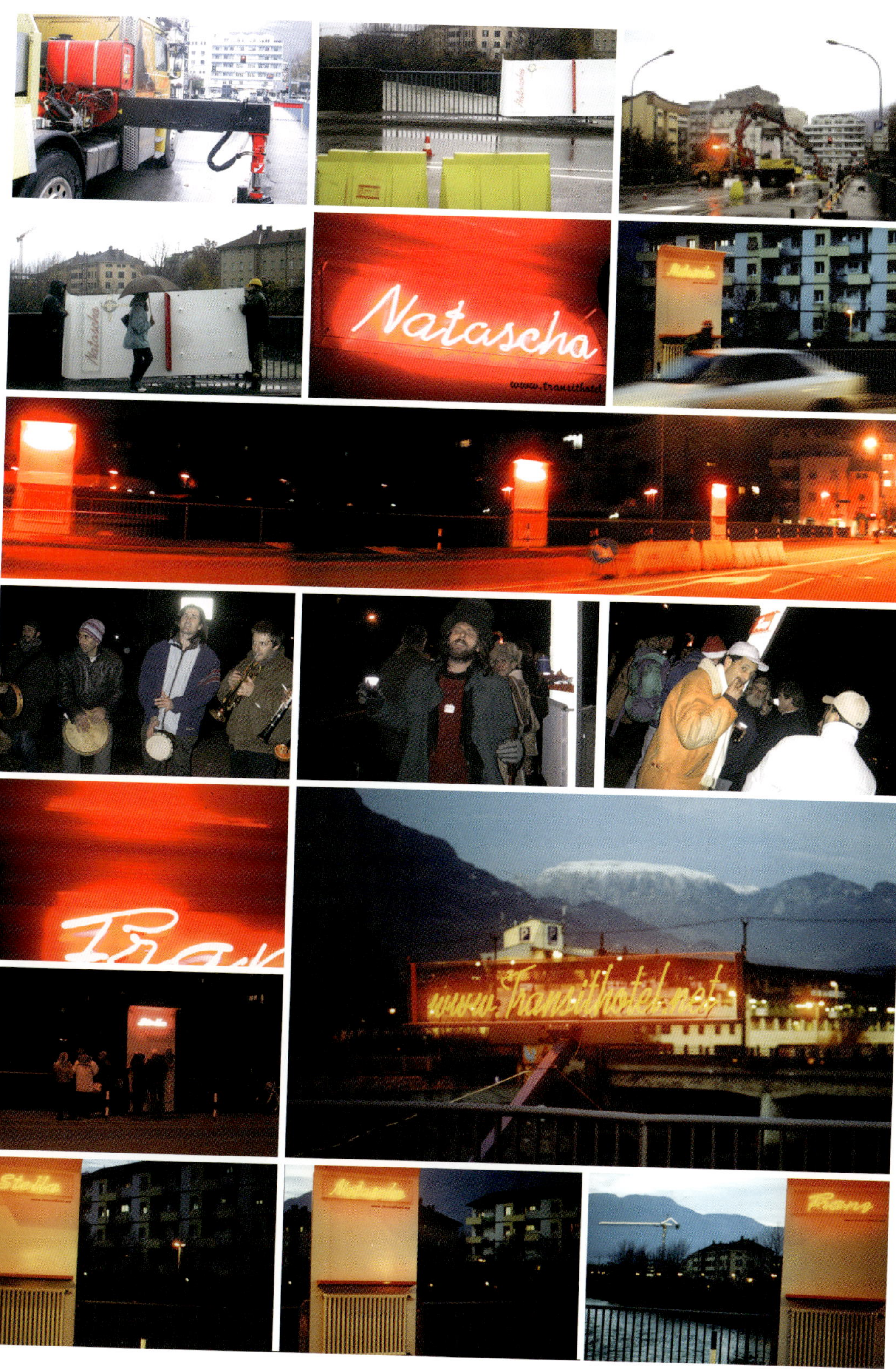

Nataschá
www.transithotel
www.transithotel.net
Stella
Natascha
Tra

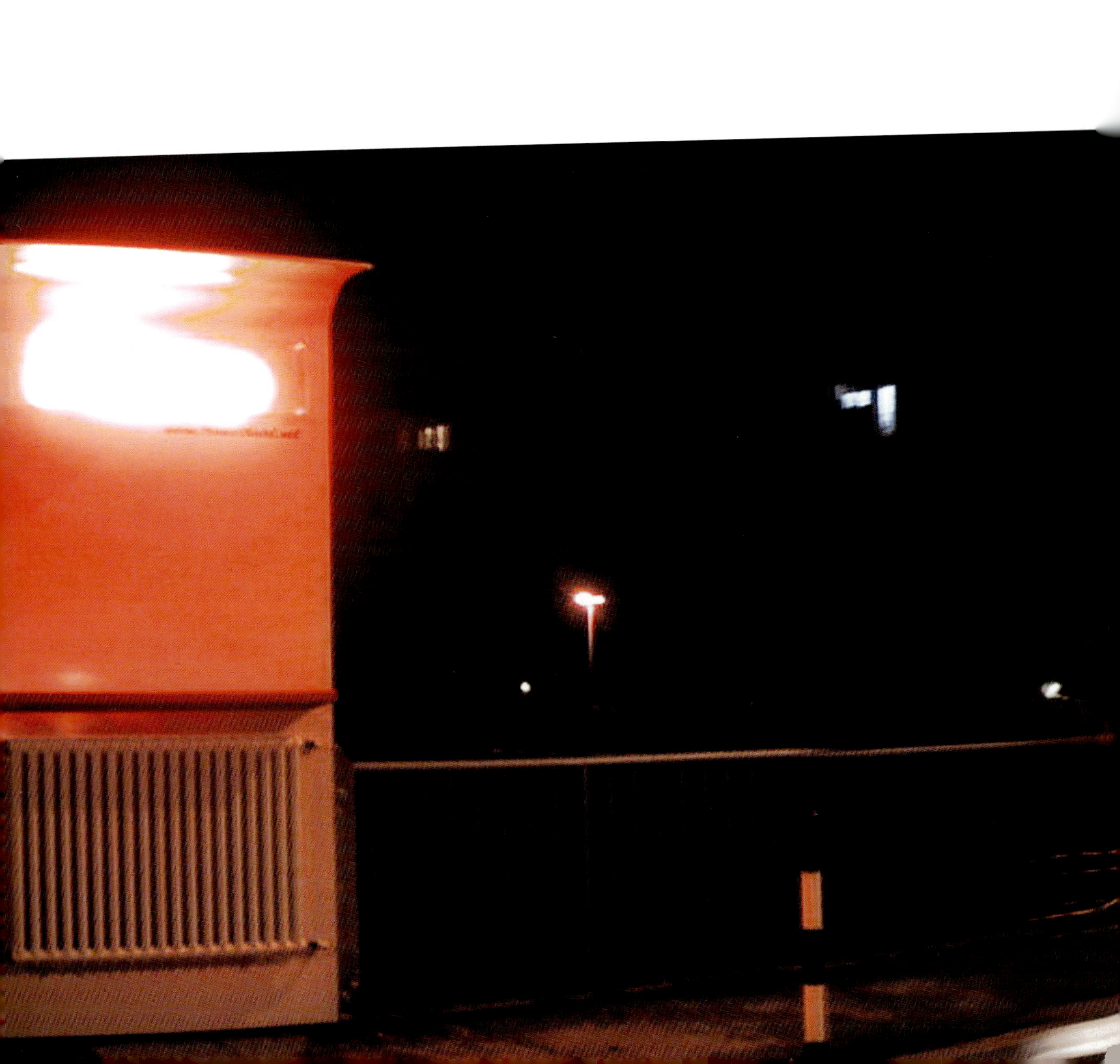

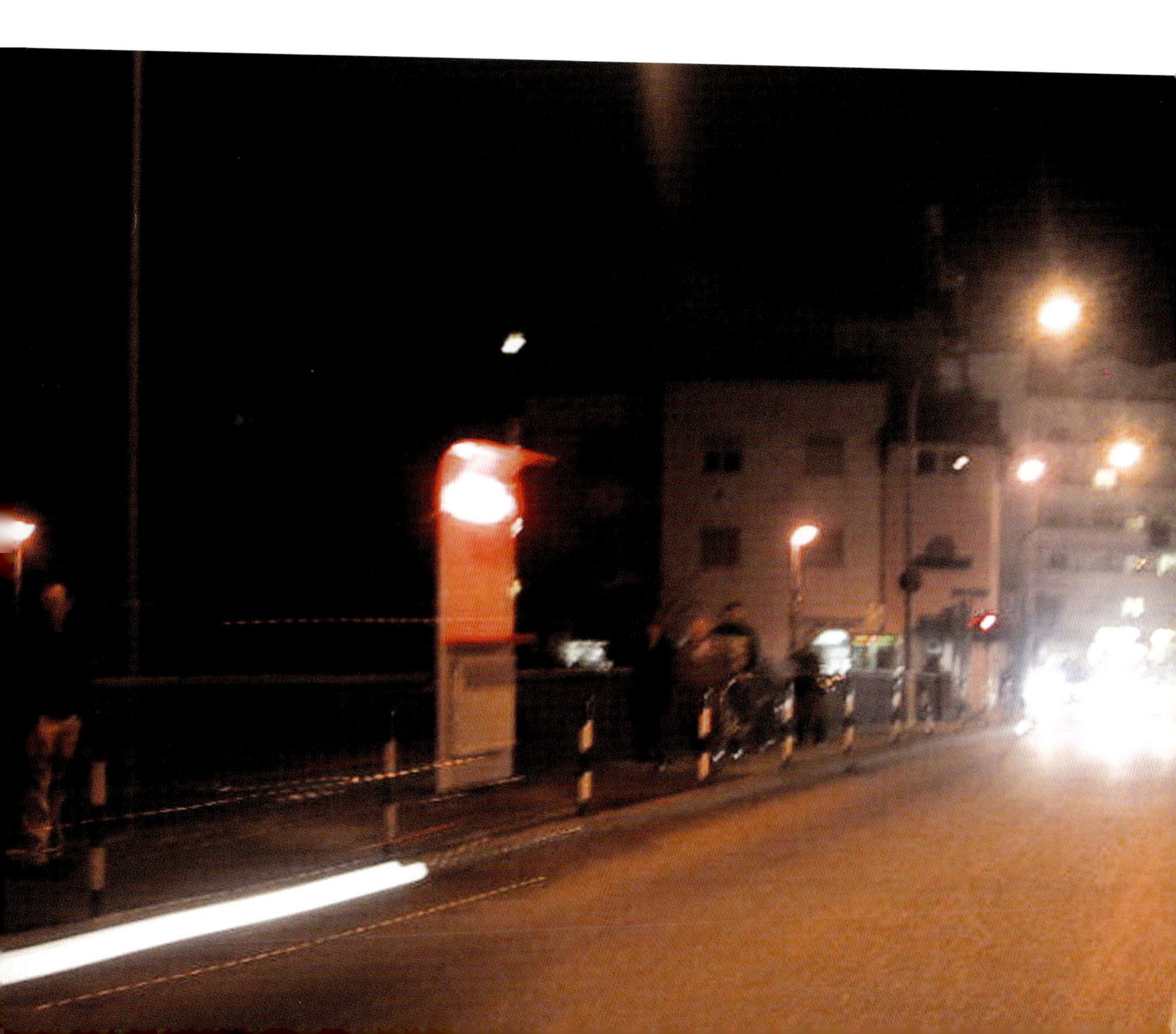

Sotto la direzione di Verena Unterberger e Benno Simma vengono invitati artisti per installazioni permamenti per il nuovo parcheggio sotteraneo delle terme.
Per il parcheggio –1 viene rivestito di marmo nero una parete di 40 metri. In otto aperture ovali viene proiettato il video *Rapid eye movement*. Un'occhio dorme e veglia nel ritmo di gocce cadenti.

Otto televisori al plasma, video, marmo nero, altoparlanti (2003)

In collaborazione con il compositore Eduard Demetz vengono installate scritte al neon che indicano l'altezza al livello del mare.

Scritte al neon, plexiglas, altoparlanti, (2003)

www.artdrivein.com

Für den Neubau der Tiefgarage Therme Meran werden unter der Leitung von Verena Unterberger und Benno Simma Künstler beauftragt eine permanente Installation zu schaffen. Für das Stockwerk –1 wird eine 40 Meter lange Wand in schwarzem, hochpoliertem Marmor verkleidet. In ovalen Öffnungen wird auf acht Plasmabildschirmen das Video *Rapid eye movement* in Endlosschleife gezeigt. Ein schlafendes Auge wird im Sekundentakt von fallenden Wassertropfen begleitet.

Acht Plasmabildschirme, Video in endlosschleife, Marmorverkleidung, Lautsprecher (2003)

Zusammen mit dem Komponisten Eduard Demetz entsteht die Arbeit *Unter/Ober dem Meeresspiegel*. Neonbuchziffern zeigen die jeweilige Meereshöhe dem Parkbenutzer.

Höhenmessungen in Neon, Plexiglas, Lautsprecher, Komposition Unter dem Meeresspiegel (2003)

www.artdrivein.com

In a project curated by Verena Unterberger and Benno Simma, artists were invited to create permanent installations for a new underground carpark at the spa. On carpark -1 a 40 metre-long wall was clad in black marble. The video *Rapid Eye Movement* was shown in eight oval apertures. An eye, asleep or awake to the rhythm of dripping water.

Eight plasma televisions, videos, black marble, speakers (2003)

In collaboration with the composer Eduard Demetz, neon signs were put up to mark the height above sea-level.

Neon signs, perspex, speakers (2003)

www.artdrivein.com

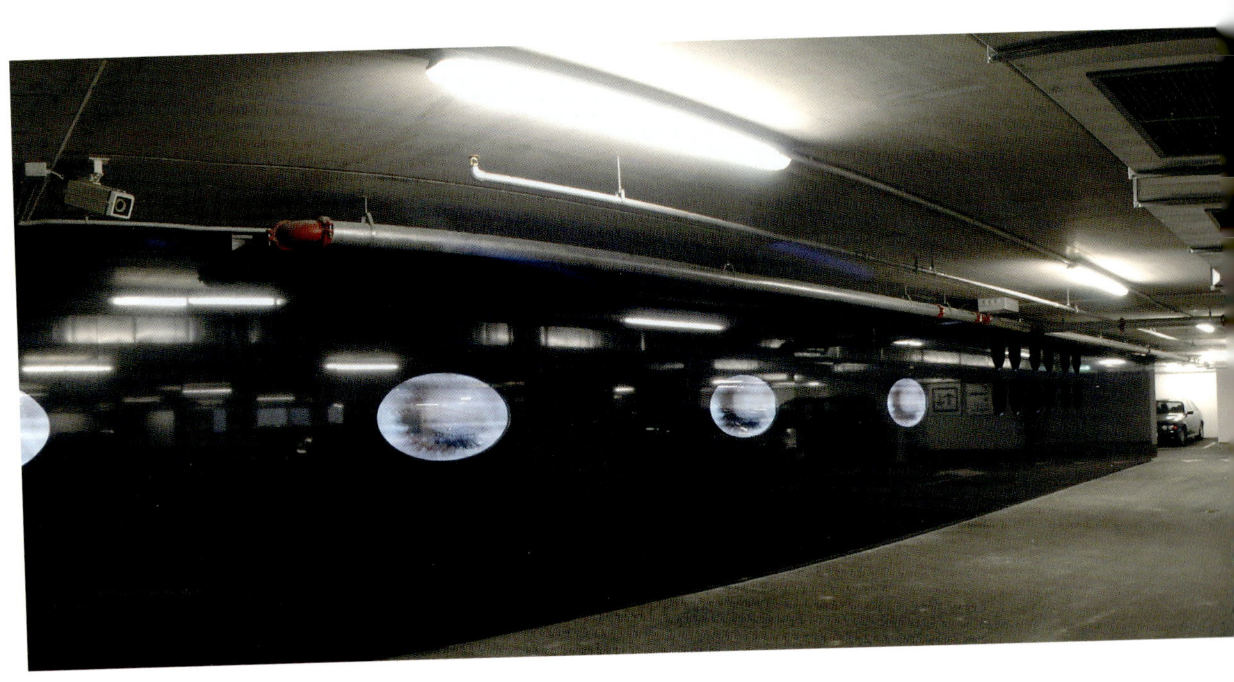

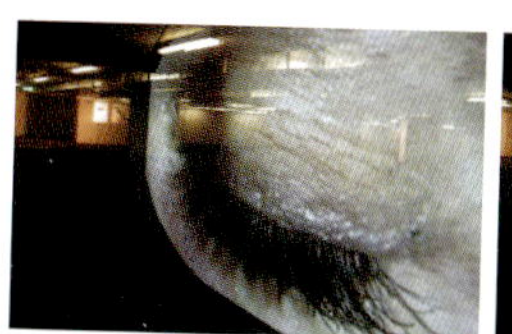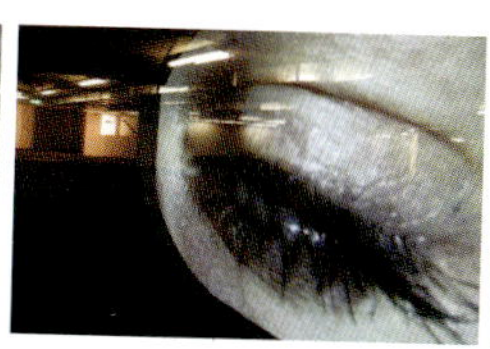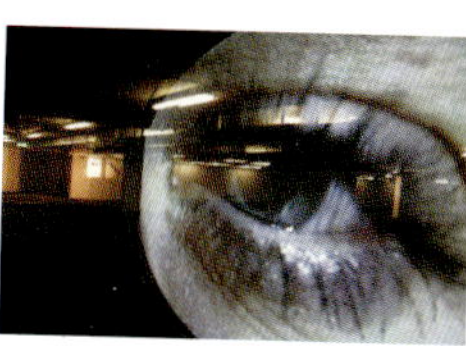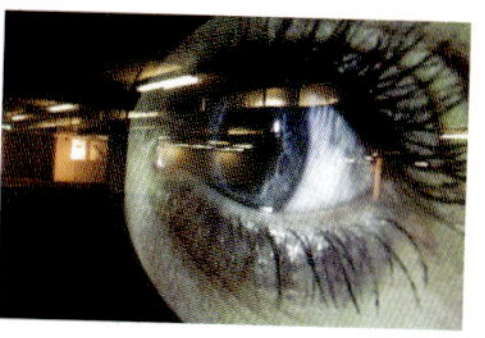

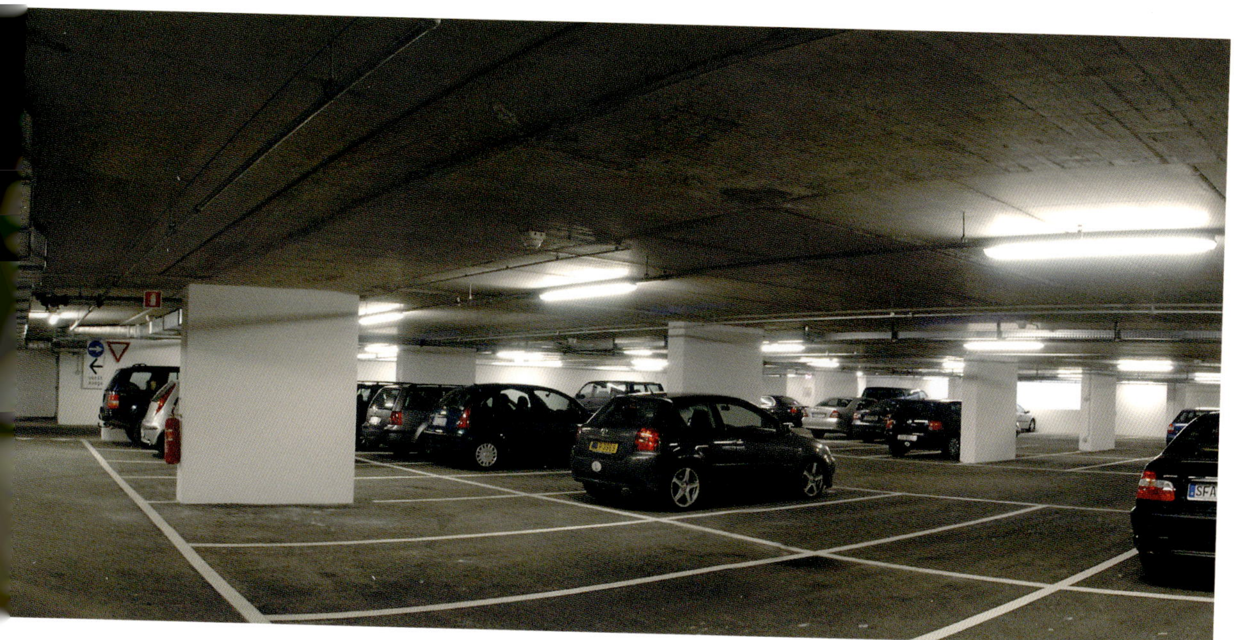

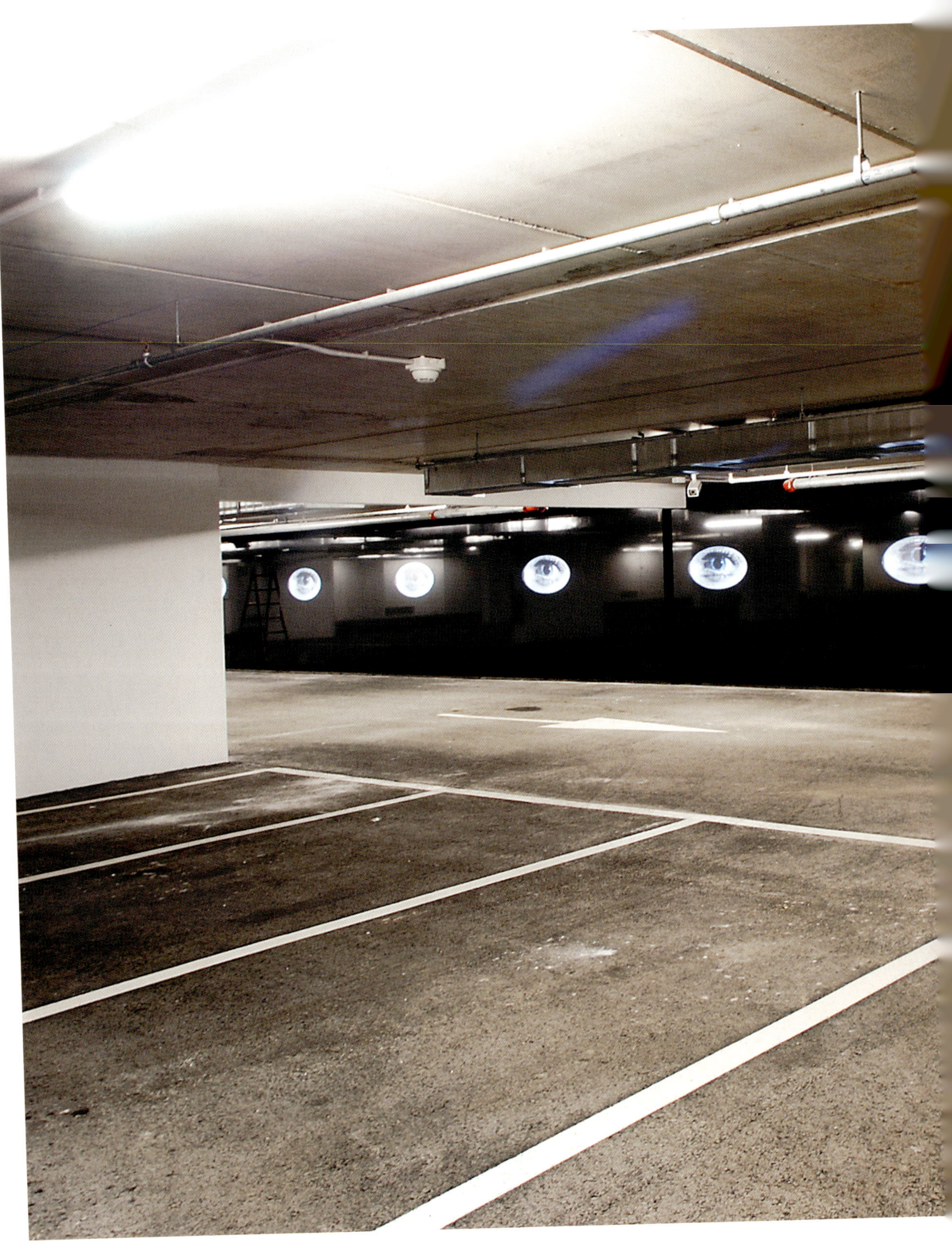

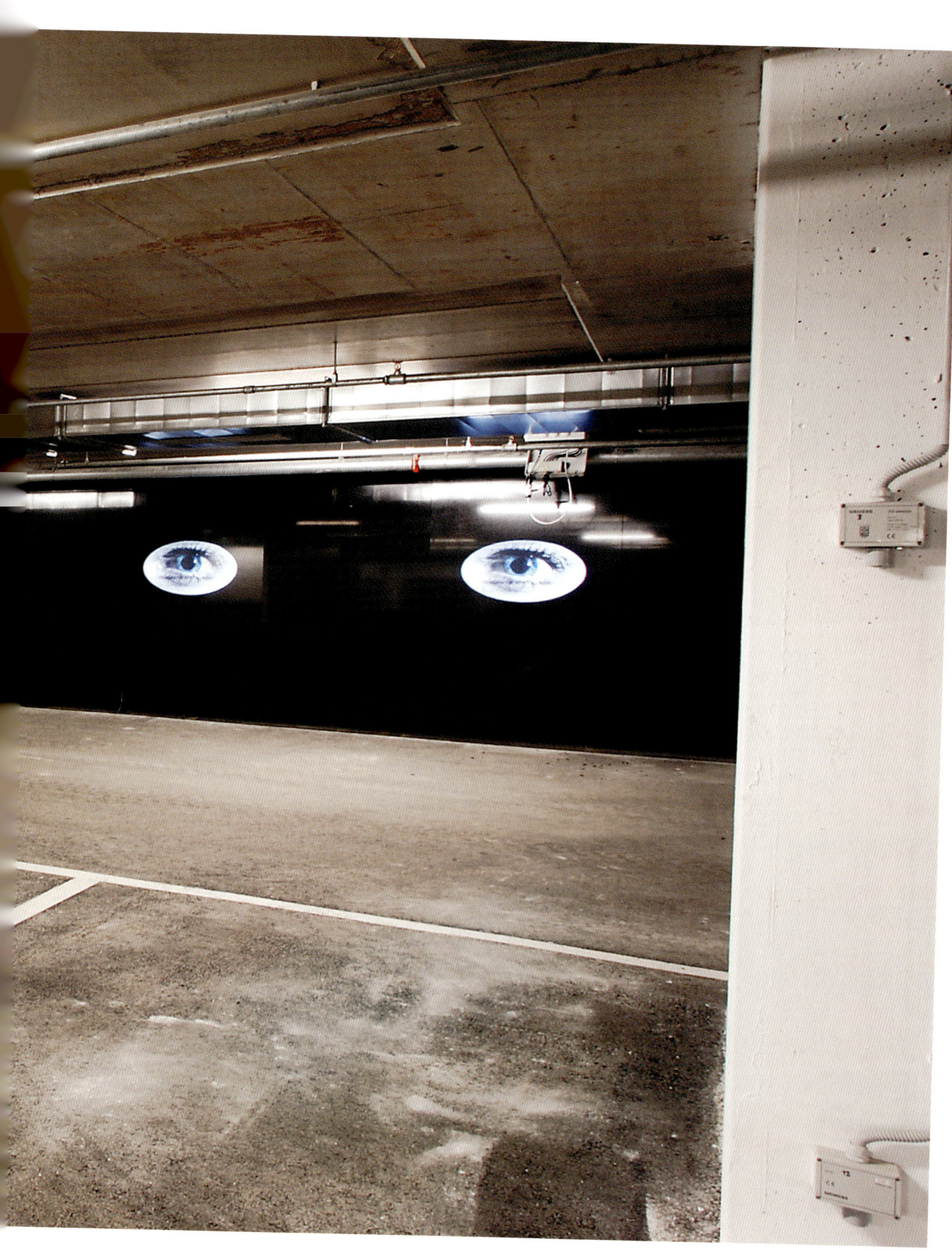

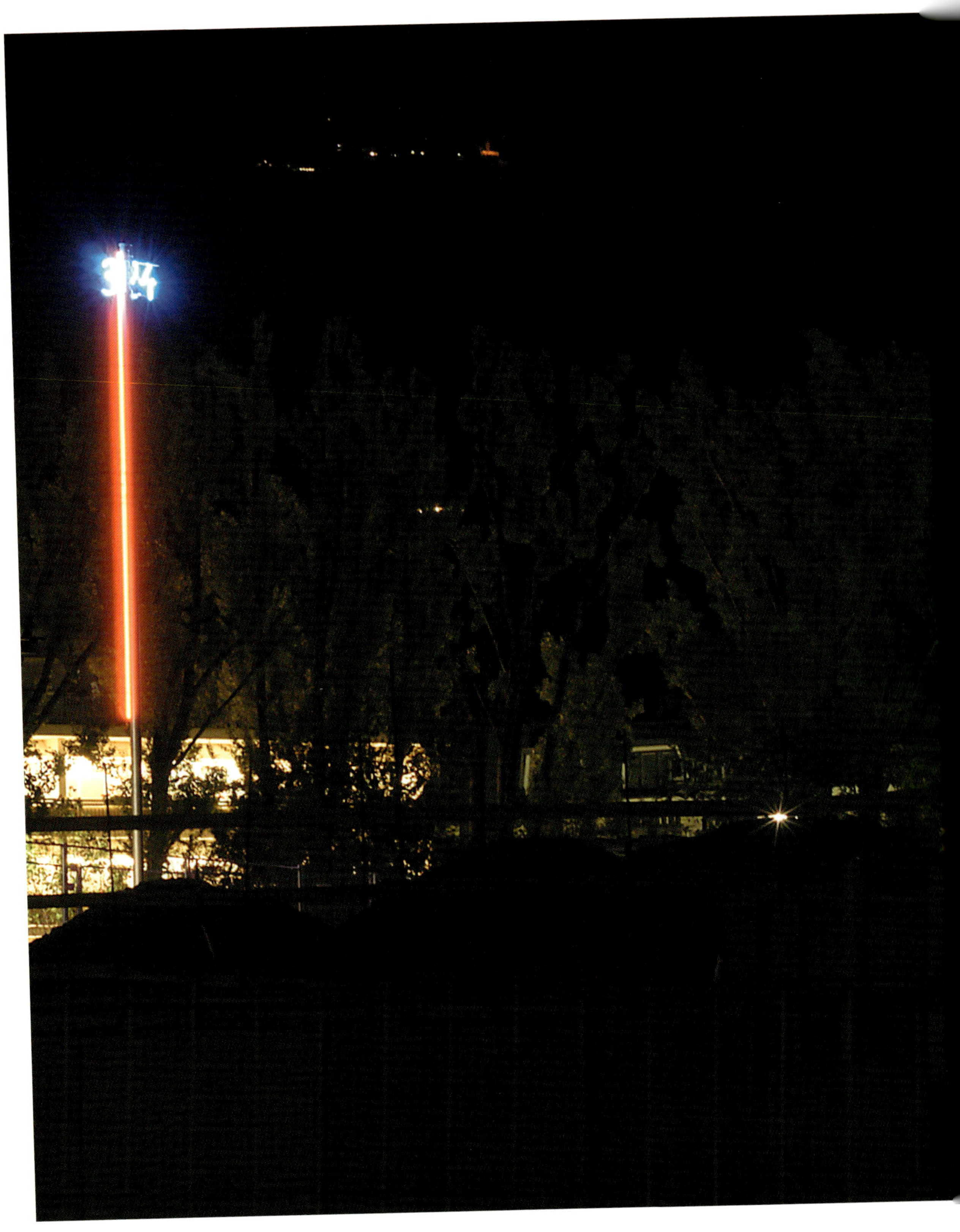

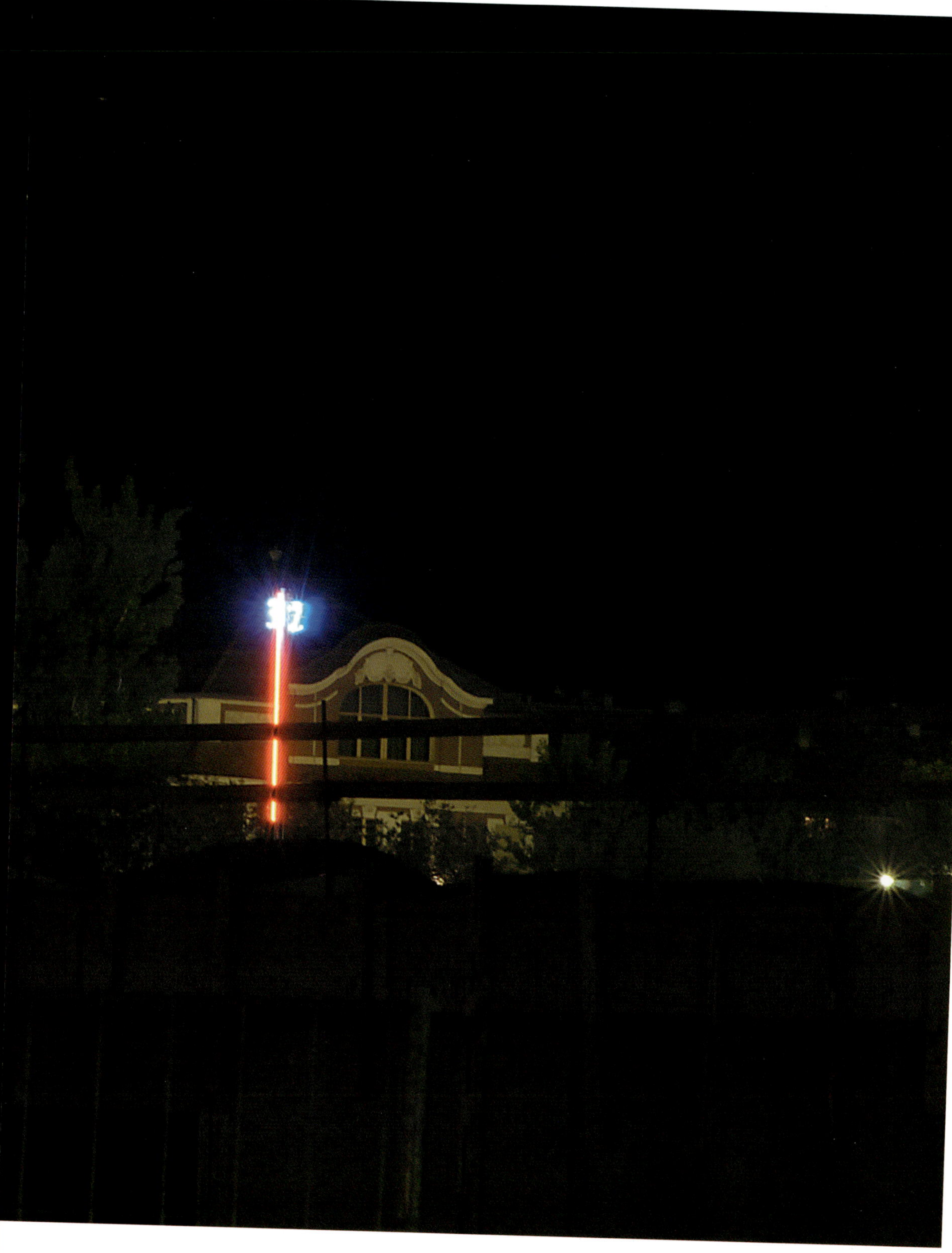

In collaborazione con gli
Architetti Lorenzo Weber e
Alberto Winterle, Trento

Nella fase di ristrutturazione della
casa per lungodegenti viene
progettato un punto di quiete.
In questo spazio sono stati
applicati dei motivi ornamentali
stampati direttamente su cemento
che ricordano una carta da parati.
L'intero volume appoggia su uno
specchio d'acqua.

Casa libera: 2,5 x 2,5 x 2,5 x 5 m, Cemento
con pigmenti, specchio d'acqua, luci. Pittura
su cemento.

In Zusammenarbeit mit den
Architekten Lorenzo Weber und
Alberto Winterle, Trient

Im Rahmen der Umbauarbeiten
im Langzeitpflegeheim in Girlan
wird ein Konzept erarbeitet das die
komplexe und vielschichtige
Realität widerspiegelt. Bewegung
und Ruhe werden übersetzt in
Windrädern und einem auf Wasser
schwebendem Zimmer.
Die Bezeichnung Freihaus für den
kapellenähnlichen Bau soll wort-
wörtlich verstanden werden:
Ruhepol, Freiraum,
Aussichtspunkt, Hülle.

Freihaus: 2,5 x 2,5 x 2,5 x 5 m, eingefärbter
Beton, Wasserbecken, Licht. Auftrag einer
Lilientapete auf Beton

In collaboration with architects
Lorenzo Weber and Alberto
Winterle, Trento

As part of refurbishing the
long-stay home, a quiet cosy nook
is being designed. One room
with drawings acting as wallpaper
inside, resting on a sheet
of water.

Freehaus: 2,5 x 2,5 x 5 m, Cement and
pigment, water surface, lights. Paintwork on
cement.

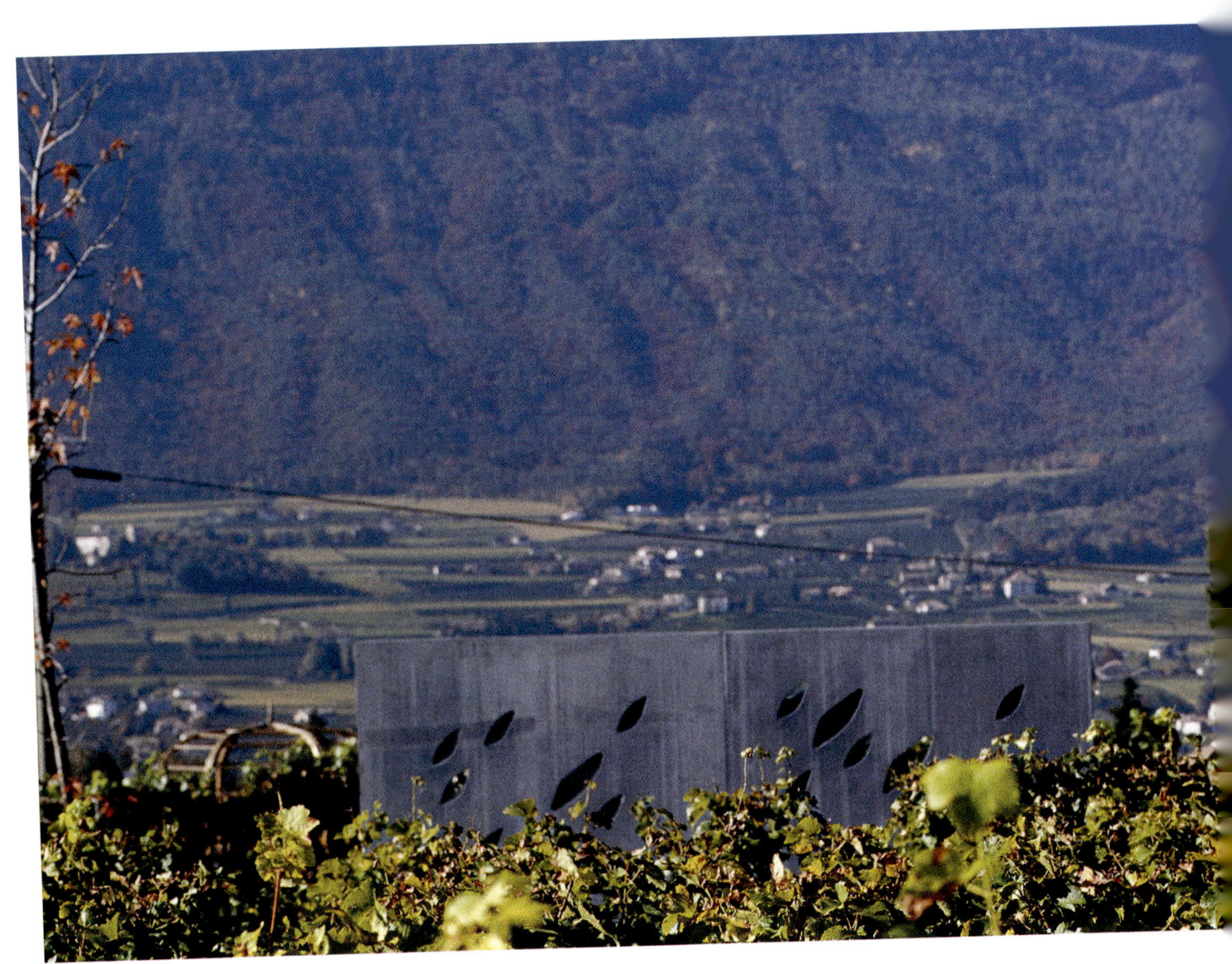

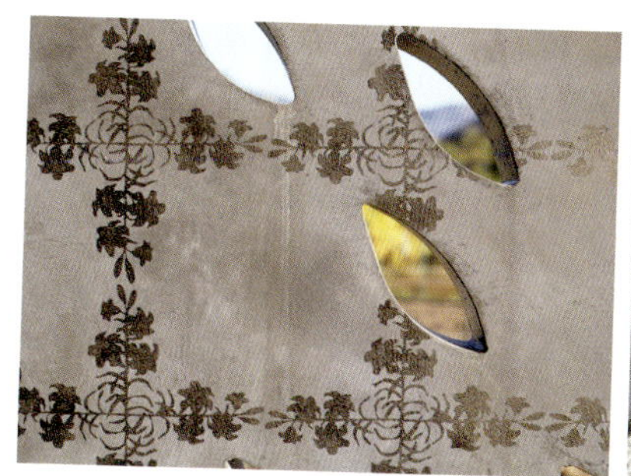 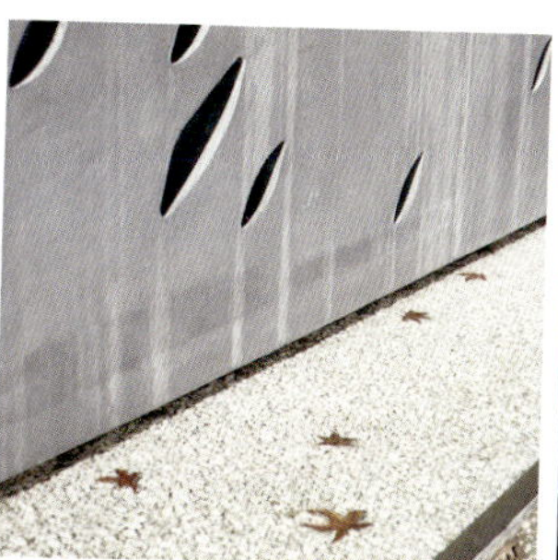 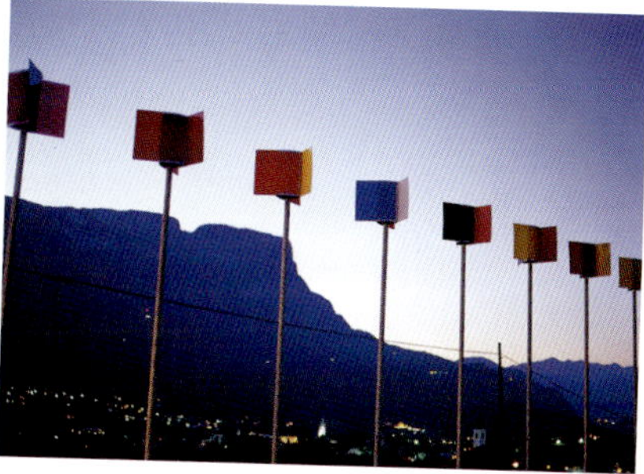

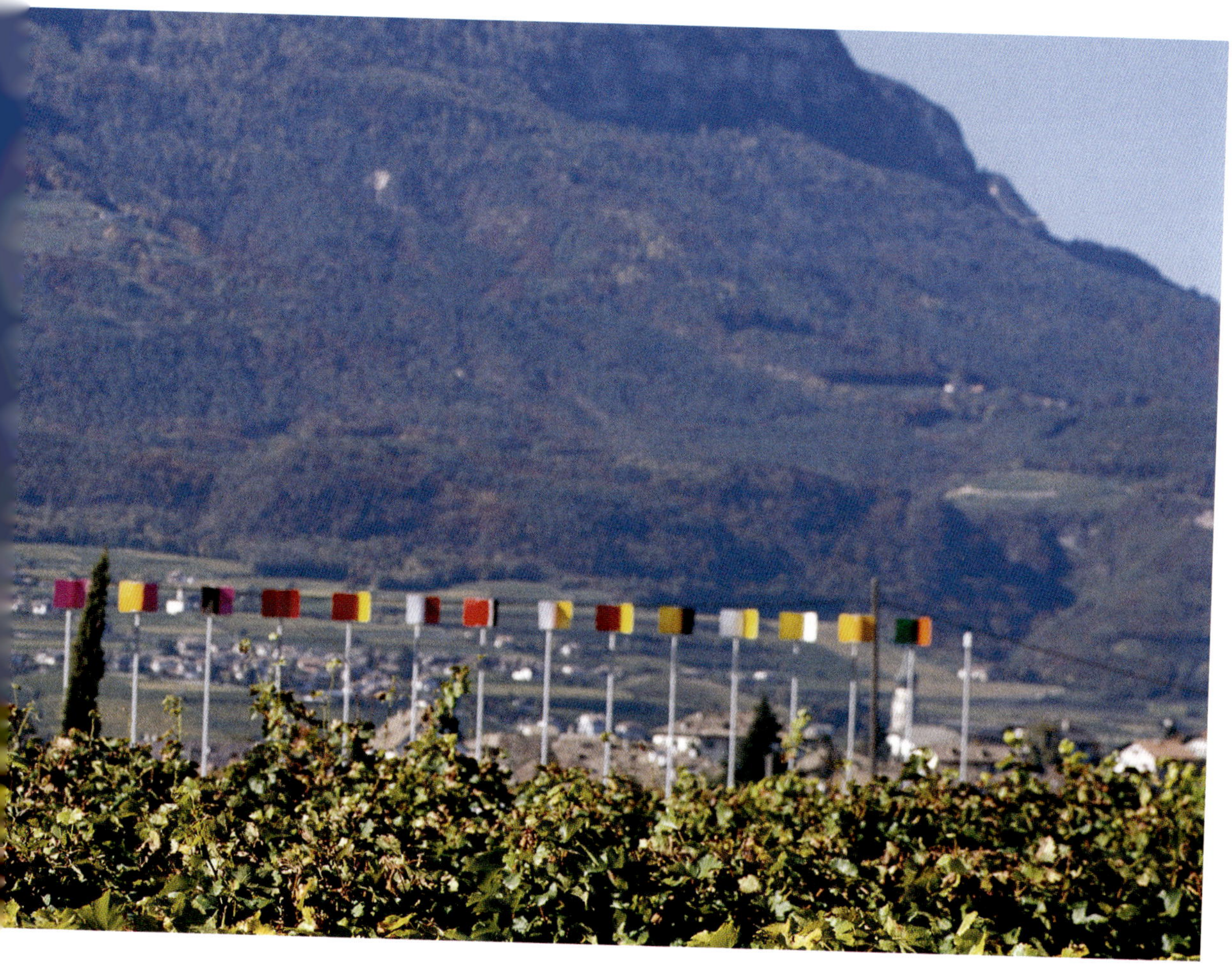

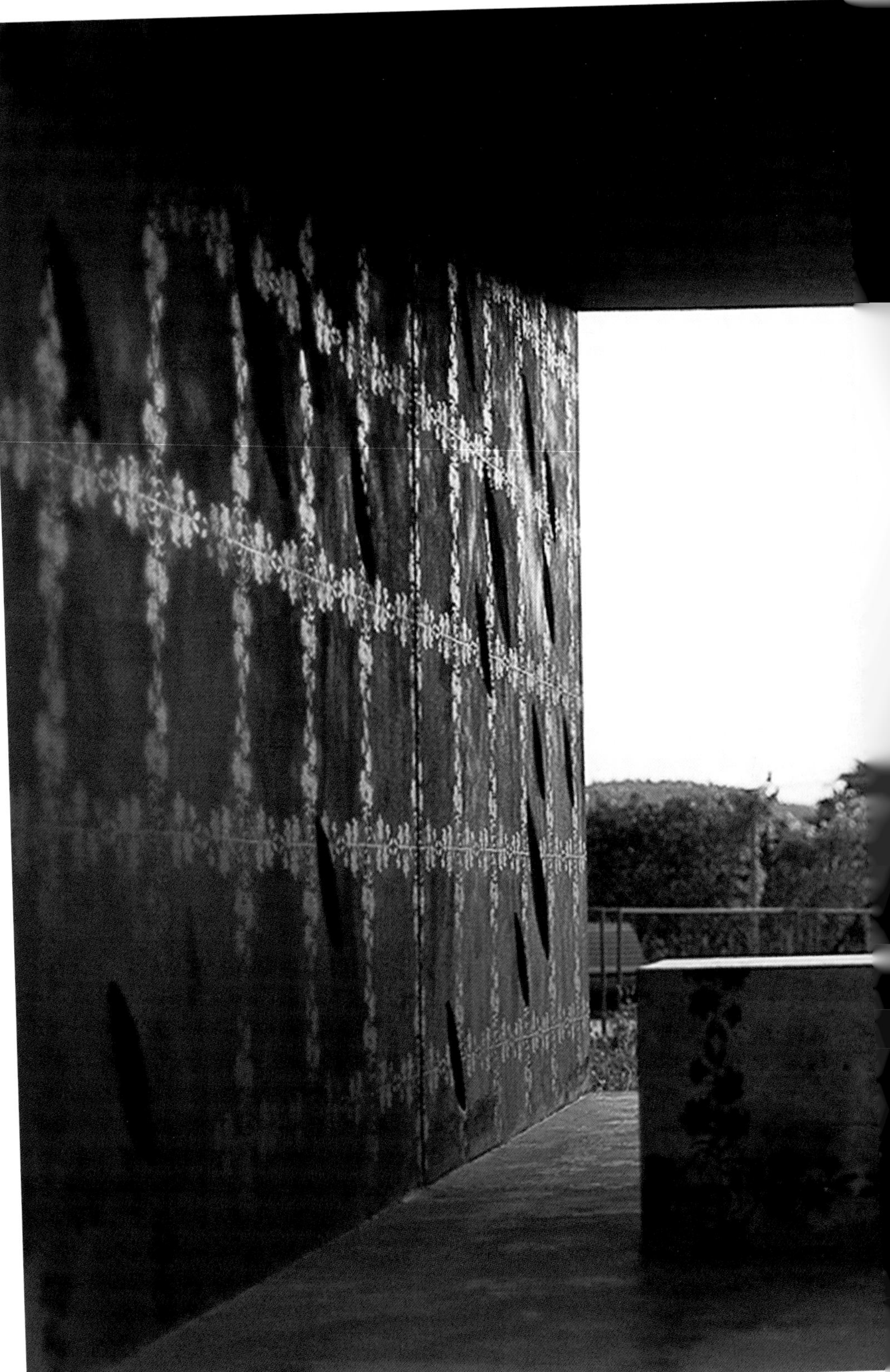

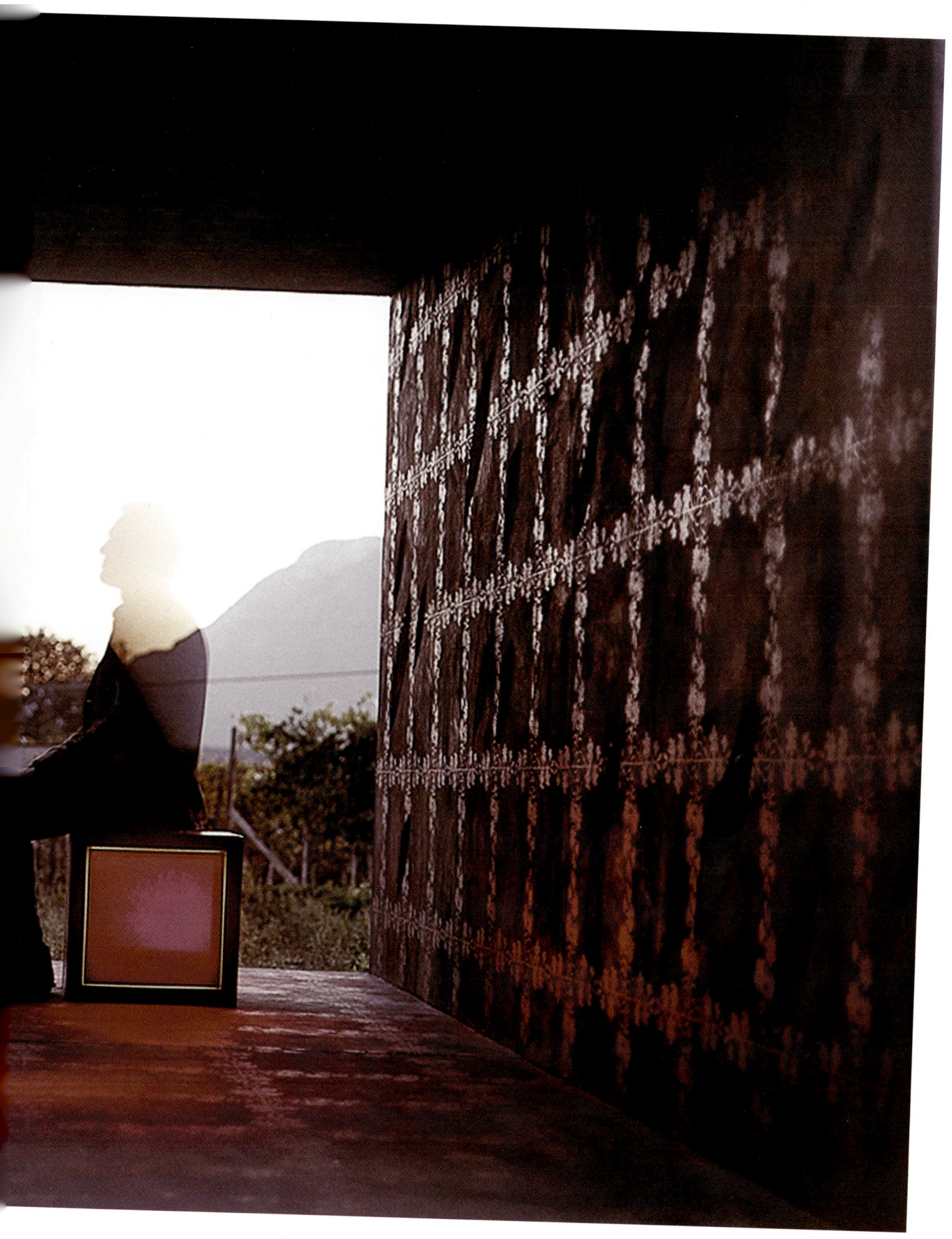

Nel giroscale 1 vengono applicati segni sul cemento. Questi disegni vengono prima incisi in gomma, e poi stampati sul cemento come un pattern di una carta da parati. Tutte le strutture in acciaio vengono verniciate in argento.

Incisione in gomma, lacca su cemento in tre colori, (2005)

Im Stiegenhaus 1 werden auf Beton Zeichen aufgedruckt. Die Zeichnungen werden zuvor in Gummi geschnitzt und im Stempelverfahren auf die Wand aufgetragen. Sämtliche Eisenteile im Aufzugsschacht werden in Silber gestrichen und die Eisentreppe mit einem Industrieläufer in Plastik ausgelegt.

Gummischnitzerei, Lack auf Beton in drei Farben, (2005)

The drawings are first engraved in rubber, and then printed on cement like a wallpaper pattern. All steel structures painted silver.

Rubber engraving, lacca on cement, three colours (2005)

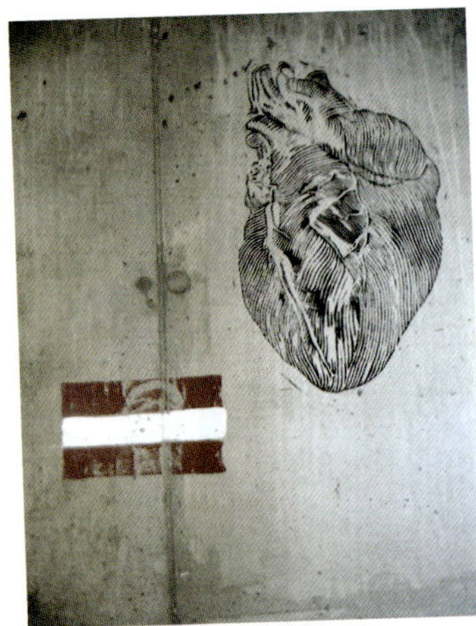

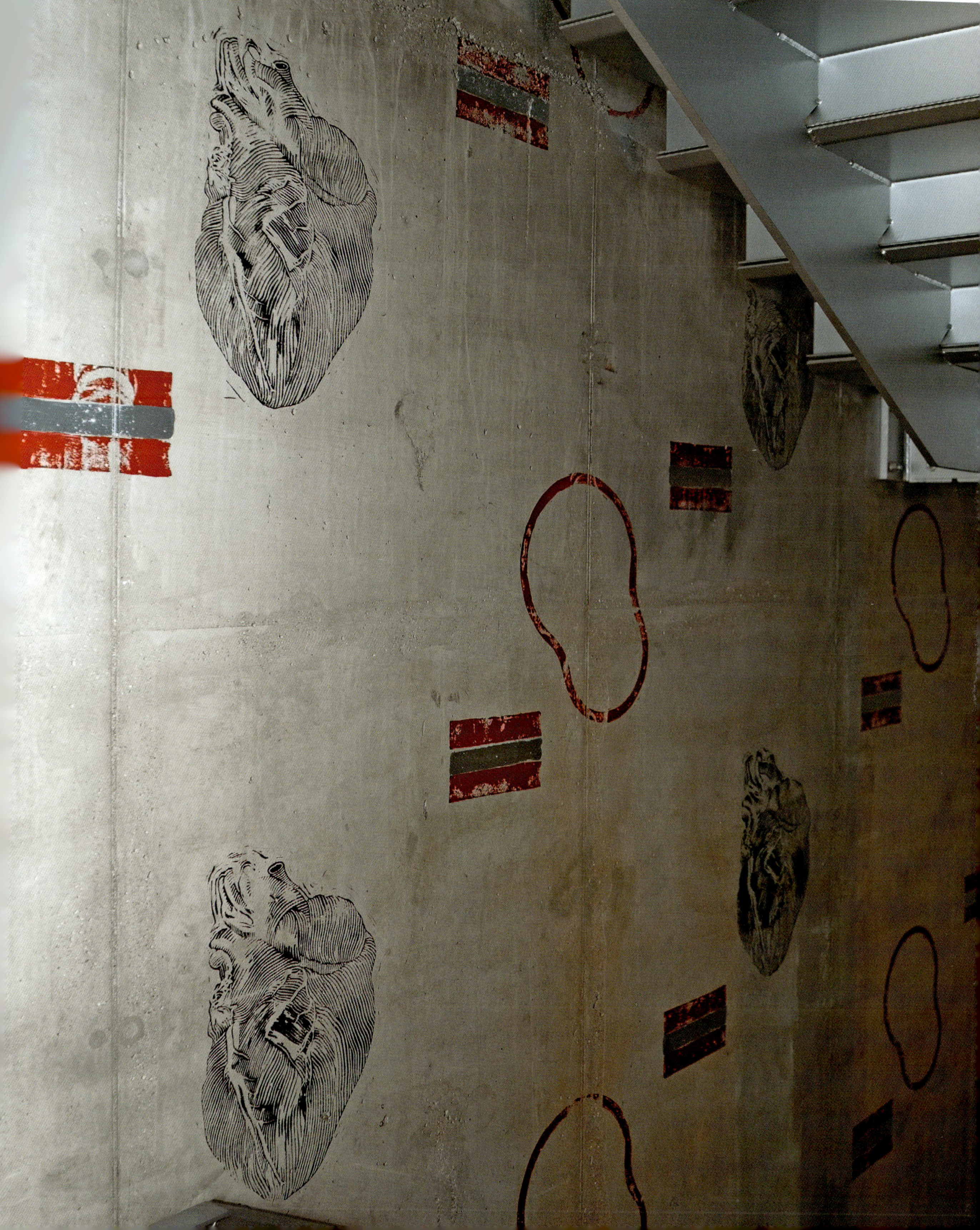

Nel giroscale 2 un disegno segue la tromba dell'ascensore su sei piani. Singole vertebre compongono una spina dorsale *diritta* pitturata direttamente sul muro. La scala è verniciata in resina nera

Plotter al laser, pittura su cemento, luci (2005)

Im Stiegenhaus 2 wird im Aufzugsschacht eine *gerade*, 25 m lange Wirbelsäule zuvor im Laserverfahren ausgeschnitten und auf die Wand aufgetragen. Die Treppe wird in Harz schwarz eingefärbt.

Laserplotter, Malerei auf Wand, Licht (2005)

In stairwell 2 a drawing follows the lift-shaft up six floors. Individual vertebrae form a straight spinal column painted directly onto the wall. The staircase is painted in black resin.

Laser plotter, paint on cement, lights (2005)

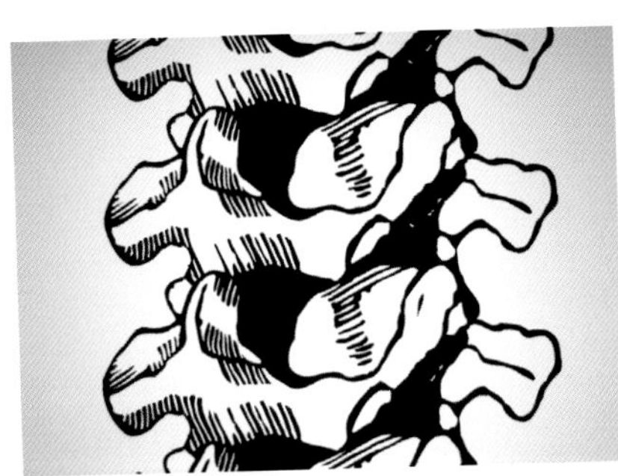
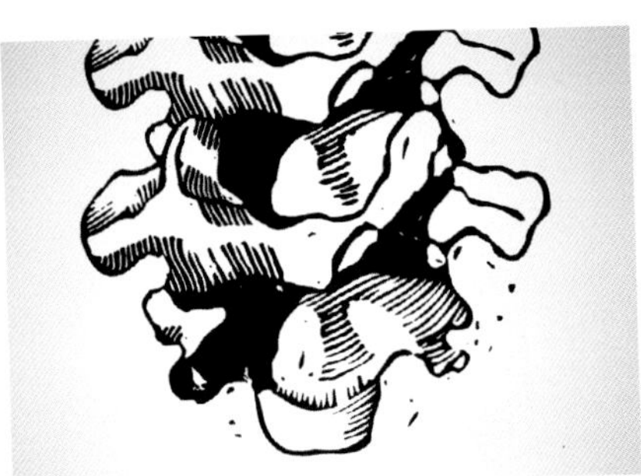

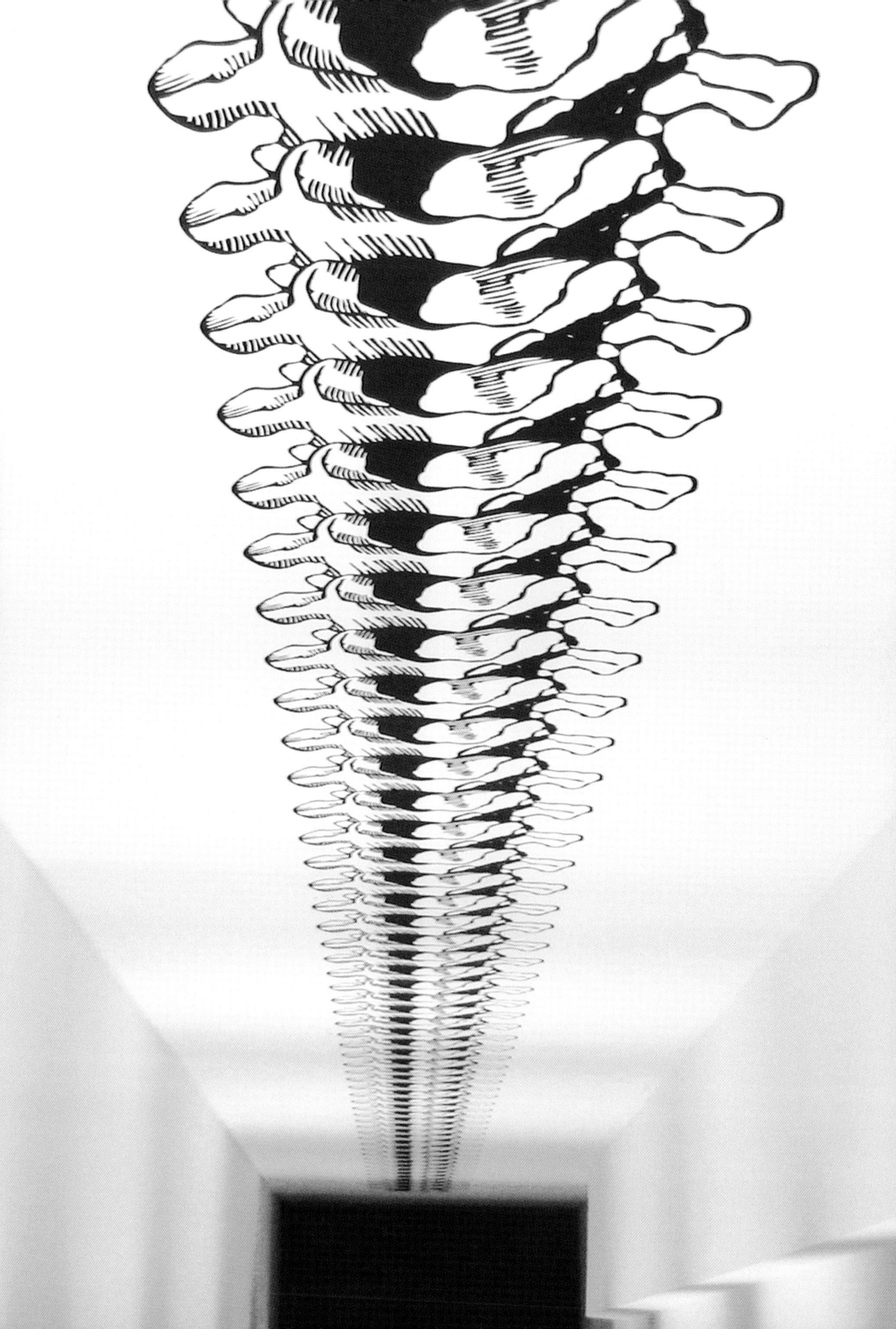

ALLEGATO   ANHANG   SUPPLEMENT

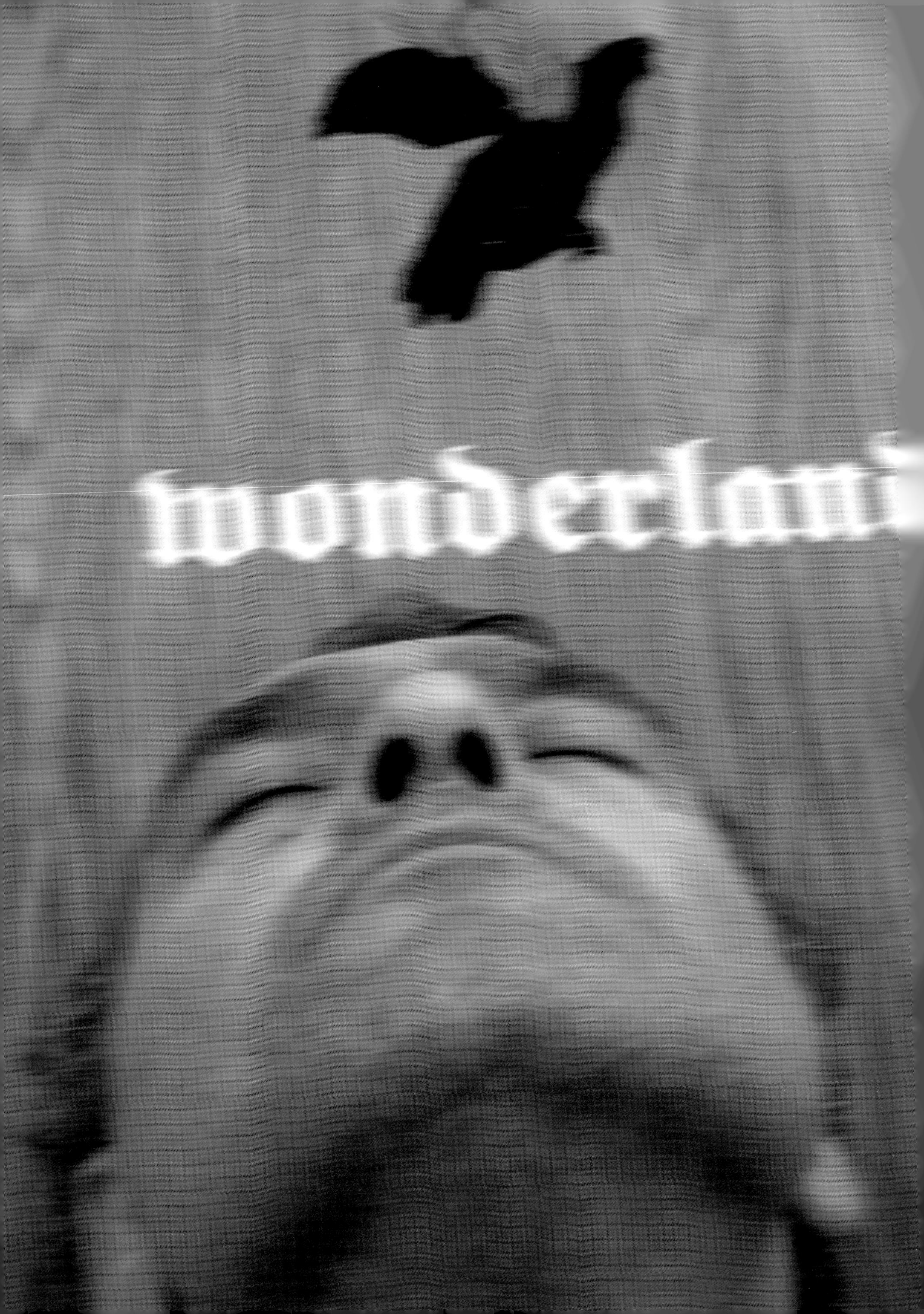
wonderland

Nato nel 1960. Studia pittura all'Accademia di Venezia da Emilio Vedova. Docente di Design all'Accademia di Design Bolzano 1998-2002.
Vive e lavora a Bolzano.

Geboren 1960. Studium in Venedig bei Emilio Vedova. Dozent für Kommunikation an der Akademie für Design Bozen 1998-2002.
Lebt in Bozen (Italien).

Born 1960. Studied Art at the Venice Accademy under Emilio Vedova. Teatcher at the Accademy of Design, Bolzano.
Lives in Bolzano/Bozen (Italy).

www.republicofwelcome.net
www.transithotel.net

2006 Sergio Tossi Arte Contemporanea, Firenze
Kurator/a cura di/curated by: Valerio Dehò

Paolo Maria Deanesi Gallery, Rovereto
Kurator/a cura di/curated by: Federico Mazzonelli

2002 Galleria Goethe, Bozen/Bolzano
Catalog by Nicolodi Editore, Rovereto

Sergio Tossi Arte Contemporanea, Firenze
Kurator/a cura di/curated by: Vittoria Coen

2001 Transart Festival. Videoinstallation/videoinstallazione, Bozen/Bolzano

2000 Galerie Prisma, Bozen/Bolzano
Kurator/a cura di/curated by: Vittoria Coen

1999 Galleria Il Cenacolo, Trento
Kurator/a cura di/curated by: Giovanna Nicolletti

1996 Galleria Goethe, Bozen/Bolzano
Kurator/a cura di/curated by: Peter Weiermair

1993 Galerie Thaddaeus Ropac, Salzburg/Österreich
Kurator/a cura di/curated by: Peter Weiermair

1991 Galerie Museum, Bozen/Bolzano
Kurator/a cura di/curated by: Marion Piffer Damiani

1990 Galerie Lindner, Wien/Österreich
Kurator/a cura di/curated by: Peter Lindner

2005/06   *Ad Arte.* MART, Museo Arte Contemporanea di Trento e Rovereto
Kurator/a cura di/assistant curator: Julia Trolp
La Quadriennale. Galleria D'Arte Contemporanea, Roma
Kurator/a cura di/curated by: Luciano Caramel, Valerio Dehò, Giacinto di Pietrantonio, Marco Tonelli, Giorgio Verzotti
Engelhaftes. Kunsthalle Nordrheinwestfalen, Deutschland
Kurator/a cura di/curated by: Anja Brandt

2004   *Collaborazioni.* Galleria Goethe, Bozen/Bolzano
Via Crucis. Convento S. Romedio, Trento
Kurator/a cura di/curated by: Alberto Weber
Arbeiten auf Papier. Galerie Epikur, Wuppertal
Kurator/a cura di/curated by: Susanne Buckesfeld
Transportale. Forum Transeuropa. Museumsquartier Wien
Kurator/a cura di/curated by: Ingeborg Erhart, Marion Piffer Damiani
Da eva al microcip. Palazzo Morenberg, Sarnonico/Trento
Kurator/a cura di/curated by: Vittoria Coen, Maddalena Tomasi
Trasferimento di chiamata. fabbrica eos, Milano
Trasferimento di chiamata. Galleria Goethe, Bozen/Bolzano
Opening soon. Galleria Goethe2, Bozen/Bolzano

2003   *Italian Six.* Barbara Davis Gallery, Houston USA
Art Drive In. Permanente Installation/installazione permanente
Tiegarage Therme, Meran/Merano.
Kurator/a cura di/curated by: Benno Simma
Italian Genome. Buia Gallery, New York USA
Kurator/a cura di/curated by: Gianluca Marziani
www.transithotel.net. Loretobrücke/Ponte Loreto, Bozen/Bolzano
Kurator/a cura di/curated by: Letizia Ragaglia
Mutamenti/mutazioni. Galleria D406, Modena.
Kurator/a cura di/curated by: Valerio Dehò

2002   *DNArt.* Kunsthaus Meran/MeranoArte, Meran/Merano
Kurator/a cura di/curated by: Valerio Dehò

2001   *Covers.* Galleria il Cenacolo, Trento
Radar. Galleria Civica, Bolzano/Bozen
Kurator/a cura di/curated by: Letizia Ragaglia

2000 *La vetta e gli orrizzonti.* Palazzo Trentini, Trento.
Kurator/a cura di/curated by: Vittoria Coen

Sulla pittura. Palazzo Sarcinelli, Conegliano
Kurator/a cura di/curated by: Marco Goldin

Tracce spirituali. Castello Piccolomini, Aquila
Kurator/a cura di/curated by: Raffaella Jannella

1999 *Tendenzen.* Künstlerhaus Baden. Wien, Österreich

1998 *Nothing but flowers.* Lipanjepuntin Arte Contemporanea, Trieste
Biennale giovani. Museo d'Arte Moderna Mantova
Kurator/a cura di/curated by: Renzo Margonaro

1997 *Anni Blu.* Galleria Blu, Milano
Kurator/a cura di/curated by: Luca Palazzoli

Arte Italiana. Ultimi 40anni. Galleria D'Arte Moderna, Bologna
Kurator/a cura di/curated by: Danilo Eccher

1996 *La dimora degli angeli.* Galleria Ponte Pietra, Verona
Kurator/a cura di/curated by: Luigi Meneghelli

Modernità Progetto 2000. Palazzo Bricherasio, Torino
Kurator/a cura di/curated by: Marisa Vescovo

1995 *Percorsi.* Galleria Civica di Arte Contemporanea, Trento
Kurator/a cura di/curated by: Danilo Eccher

Racconti Pelizziani. Castello Malaspina, Volpedo, Alessandria
Kurator/a cura di/curated by: Marisa Vescovo

Positionen. Österreichische Galerie im Belvedere, Wien
Kurator/a cura di/curated by: Peter Weiermair

1994 *Emergenti.* Galleria Civica di Arte Contemporanea, Trento.
Kurator/a cura di/curated by: Danilo Eccher, Fiorenzo Degasperi, Luigi Meneghelli, Giovanna Nicoletti

1992 *Frontiera. Neue Kunst aus Europa.* Messe Bozen/Fiera di Bolzano
Kurator/a cura di/curated by: M. Piffer Damiani, Luigi Meneghelli, Paolo Bianchi

Positionen. Museum Moderner Kunst, Bozen/Bolzano
Kurator/a cura di/curated by: Peter Weiermair

Baroque and the present. Curch of the Annunciation. Litomerice, Czech Republic
Kurator/a cura di/curated by: Olga Sozanska

1988 *Panorama & Panorama.* Messe Bozen/Fiera di Bolzano
Kurator/a cura di/curated by: Marion Piffer Damiani, Walter Guadagnini

Neue Kunst aus Südtirol. Galerie Museum, Bozen/Bolzano
Kurator/a cura di/curated by: Markus Klammer

Der Himmel als Abgrund
Ein Flugblatt. Texte/testi di/essay by: Oswald Egger
Edition Per Procura, Wien 1989

Zeichner
Galerie Museum, Bozen/Bolzano. Texte/testi di/essay by: Markus Klammer, Oswald Egger
Bozen/Bolzano 1989

Logo et Memoria
Galerie Thaddaeus Ropac, Salzburg. Texte/testi di/essay by: Peter Weiermair, Elmar Locher
Folio Verlag, Bozen/Wien 1993

Sub Rosa
Texte und Zeichnungen. Texte/testi di/essay by: Raoul Schrott
Haymon Verlag, Innsbruck 1993

Hotel Europa
Galleria Goethe Galerie. Texte/testi di/essay by: Peter Weiermair
Bozen/Bolzano 1996

Barocco/Barock/Baroque
Ein Biologiebuch in 232 Zeichnungen. Texte/testi di/essay by: Danilo Eccher
Folio Verlag, Bozen/Wien 1998

You are just imagining things
Galleria Il Cenacolo, Trento. Texte/testi di/essay by: Giovanna Niccoletti
Trento 1999

Das Geschlecht der Engel, der Himmel der Heiligen
Texte/testi di/essay by: Raoul Schrott
Hanser Verlag, München 2001

Scene di caccia
Sergio Tossi Arte Contemporanea, Firenze. Texte/testi di/essay by: Vittoria Coen
Firenze 2002

Hundert Heiligenlegenden / Cento ritratti di santi
Galleria Goethe, Bozen/Bolzano. Texte/testi di/essay by: Raoul Schrott
Nicolodi Editore, Trento 2002

Republic of Welcome
Sergio Tossi Arte Contemporanea, Firenze. Texte/testi di/essay by: V. Dehò, L. Ragaglia
Damiani Editore, Bologna 2005/06

Frontiera. Arte in Europa. Messehalle/Fiera, Bozen/Bolzano
Kur.: Paolo Bianchi, Marion Piffer Damiani, Helena Kontova, Thomas Wulffen. Bozen/Bolzano 1992,
Edition Raetia

Baroque and the present. Church of the Annunciation.
Kur.: Olga Sozanska.
Litomerice, Czech Repuplic 1992

Panorama. Messehalle/Fiera, Bozen/Bolzano
Kur.: Walter Guadagnini, Marion Piffer Damiani.
Bozen/Bolzano 1993

Museion Documenta. Museum Mod. Kunst / Museo d'arte Moderna
Kur.: Karl Nicolussi-Leck, Pier Luigi Siena, Andreas Hapkemeyer. Bozen/Bolzano 1994

Emergenze. Galleria Civica di Arte Contemporanea, Trento
Kur.: Danilo Eccher, Fiorenzo Degasperi, Luigi Meneghelli, Gioivanna Nicoletti. Trento 1994

Modernità Progetto. Fondazione Palazzo Bricherasio, Torino
Kur.: Marisa Vescovo.
Torino 1996, Edizioni Electa

Sacro e dintorni. Galleria Ponte Pietra (Vr), Schloß Gandegg (Bz)
Kur.: Luigi Meneghelli.
Verona, Bolzano 1996

Quarant'anni di Blu. Galleria Blu, Milano 1997
Kur.: Luca Palazzoli.
Milano 1997

Neue Kunst aus Italien. Städtische Galerie, Lienz
Essays by: Peter Weiermair, Elmar Locher, Luigi Meneghelli.
Lienz 1998

Arte Italiana / Ultimi quarant'anni. Pittura iconica.
Galleria D'arte Moderna, Bologna. Kur.: Danilo Eccher, Dede Auregli.
Bologna 1998, Edizioni Electa

Sulla pittura. Palazzo Sarcinelli, Conegliano
Kur.: Marco Goldin.
Conegliano 1999, Linea d'ombra libri

Ultime generazioni. Pinacoteca Civica, Bagnocavallo
Kur.: Raffaella Ianella.
Bagnocavallo 1999, Edit Faenza

La vetta e gli orizzonti. Palazzo Trentini, Trento
Kur.: Vittoria Coen.
Trento 2000

Radar. Galleria Civica/Stadtgalerie, Bolzano/Bozen
Kur.: Letizia Ragaglia.
Bozen/Bolzano 2001

DNart. Kunst Meran/Merano Arte
Kur.: Valerio Dehò.
Meran/Merano 2002, De Agostini Rizzoli Editore

Young Italian Genome. Vanessa Buia Gallery, New York
Kur.: Gianluca Marziani.
New York 2003

Mutamenti / Mutazioni. Galleria D406, Modena
Kur.: Valerio Dehò.
Modena 2003

Art Drive In. Parking Therme, Meran/Merano
Kur.: Verena Unterberger, Benno Simma.
Bozen/Bolzano 2003, Athesia Verlag

Via Crucis. Santuario S. Romedio, Trento
Kur.: Alberto Weber.
Trento 2004

Da eva al microcip. Palazzo Morenberg, Sarnonico/Trento
Kur.: Vittoria Coen, Maddalena Tomasi.
Trento 2004

Engelhaftes. Kunstforum, Nordrhein Westfalen
Kur.: Anja Brandt.
Nordrhein Westfalen 2005

Trame. Il vestito come arte
Autor/autore/essay by: Pietro Gaglianò
Bologna 2005, Pendragon Editore

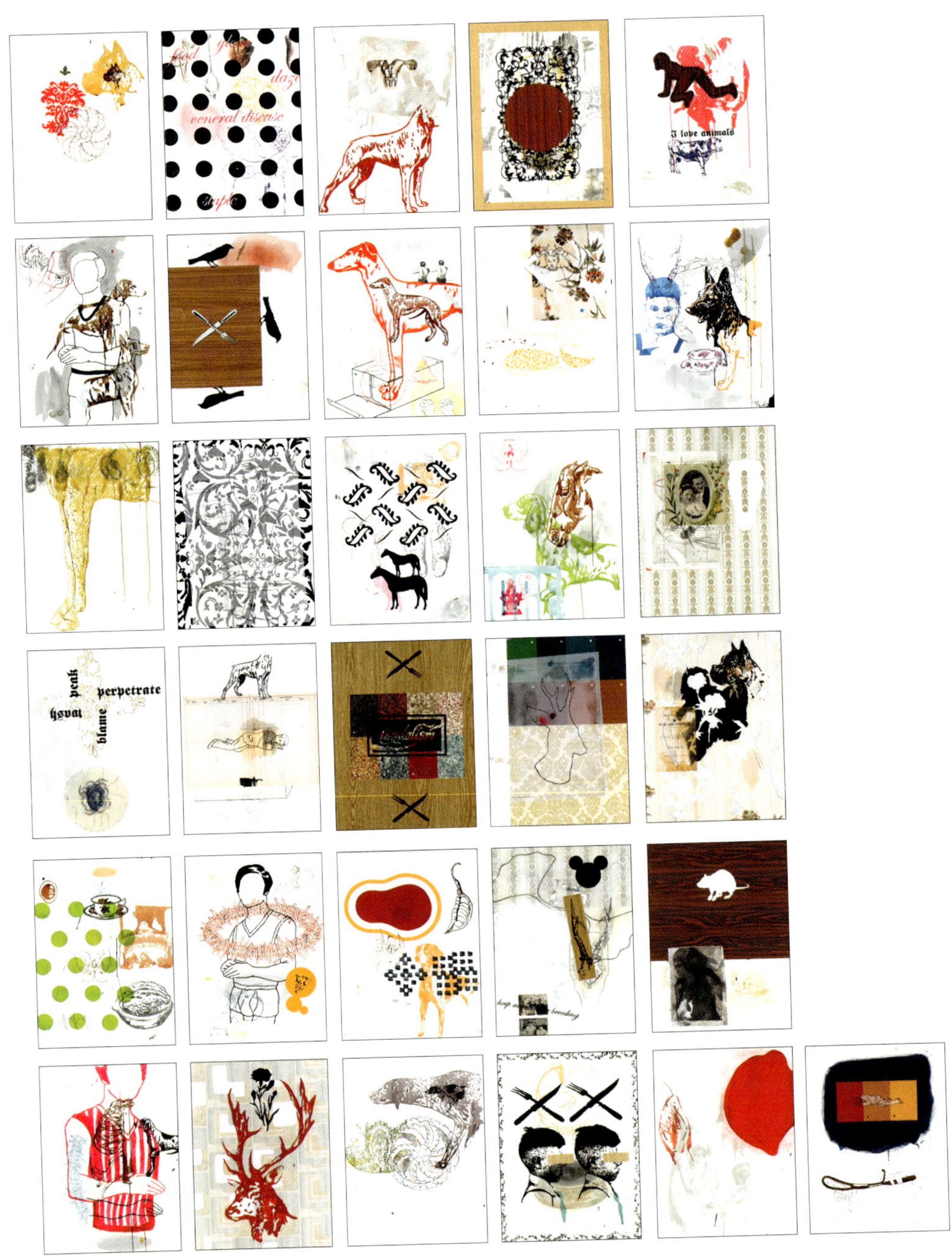

Ogni foglio 57,5 x 76,5 cm - inchiostro, lacca, olio, fotografie, carta da parati, serigrafia su carta

Jedes Blatt 57,5 x 76,5 cm - Tinte, Lack, Ölfarbe, Fotos, Tapete, Siebdruck auf Papier

Each 57,5 x 76,5 cm - ink, varnish, pencil, photos, wallpaper, silkscreen on paper

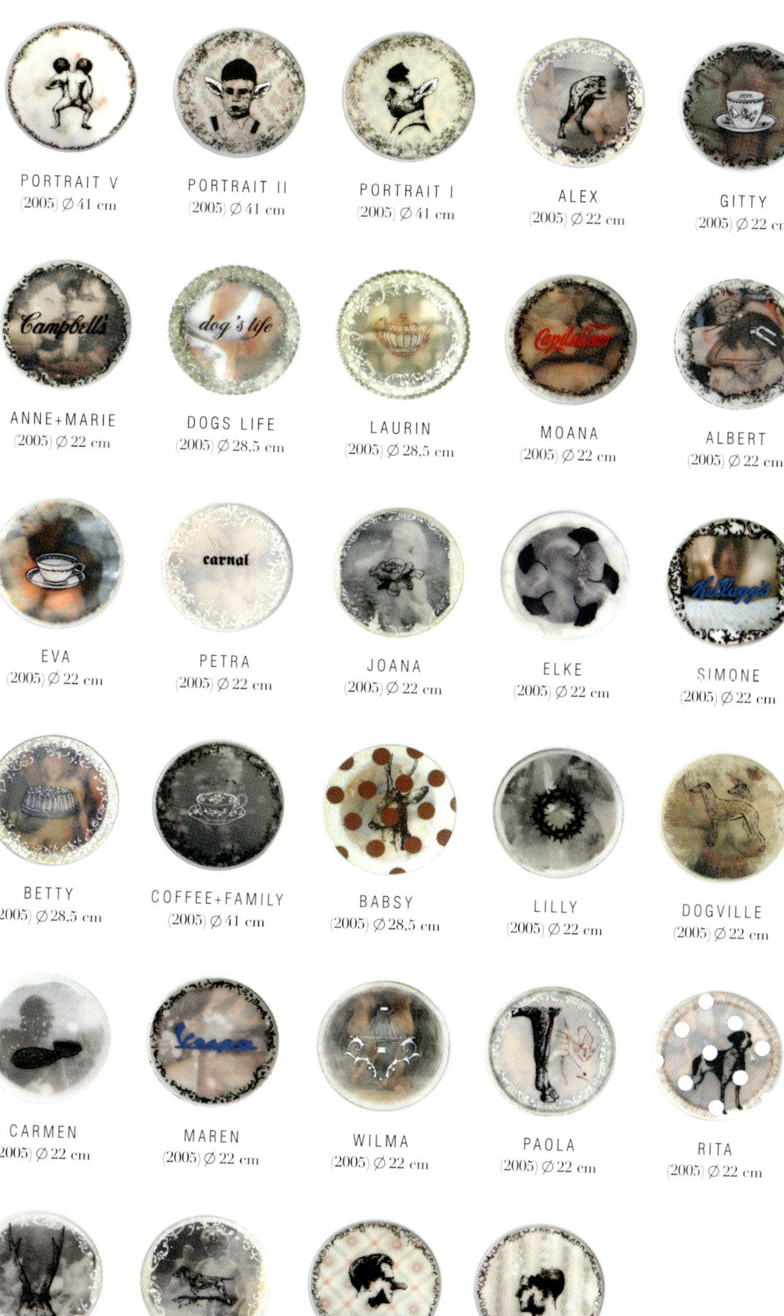

PORTRAIT V
(2005) Ø 41 cm

PORTRAIT II
(2005) Ø 41 cm

PORTRAIT I
(2005) Ø 41 cm

ALEX
(2005) Ø 22 cm

GITTY
(2005) Ø 22 cm

ANNE+MARIE
(2005) Ø 22 cm

DOGS LIFE
(2005) Ø 28,5 cm

LAURIN
(2005) Ø 28,5 cm

MOANA
(2005) Ø 22 cm

ALBERT
(2005) Ø 22 cm

EVA
(2005) Ø 22 cm

PETRA
(2005) Ø 22 cm

JOANA
(2005) Ø 22 cm

ELKE
(2005) Ø 22 cm

SIMONE
(2005) Ø 22 cm

BETTY
(2005) Ø 28,5 cm

COFFEE+FAMILY
(2005) Ø 41 cm

BABSY
(2005) Ø 28,5 cm

LILLY
(2005) Ø 22 cm

DOGVILLE
(2005) Ø 22 cm

CARMEN
(2005) Ø 22 cm

MAREN
(2005) Ø 22 cm

WILMA
(2005) Ø 22 cm

PAOLA
(2005) Ø 22 cm

RITA
(2005) Ø 22 cm

LORENZO
(2005) Ø 22 cm

ROMINA
(2005) Ø 22 cm

PORTRAIT III
(2005) Ø 41 cm

PORTRAIT IV
(2005) Ø 41 cm

Fotografie, carta da parati, olio, cera, contenitore di aluminio, legno
Fotos, Tapete, Ölfarbe, Wachs, Behälter in Aluminium, Holz
Photos, wallpaper, oil, wax, aluminium plate

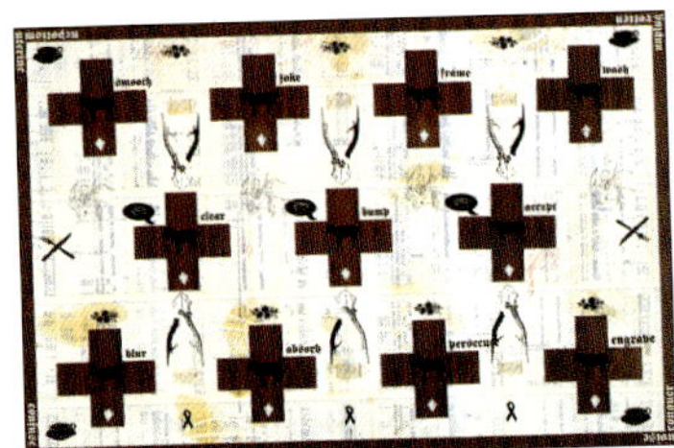

HOLY FAMILY
(2005) 200 x 300 cm

Pittura ad olio, acrilico, serigrafia, plastica
da parati, carta

Öl und Acrylfarbe, Siebdruck, Holzimitation,
Harz, Papier

Oil and acrylic color, silkscreen, resin,
woodimitation in plastic, paper

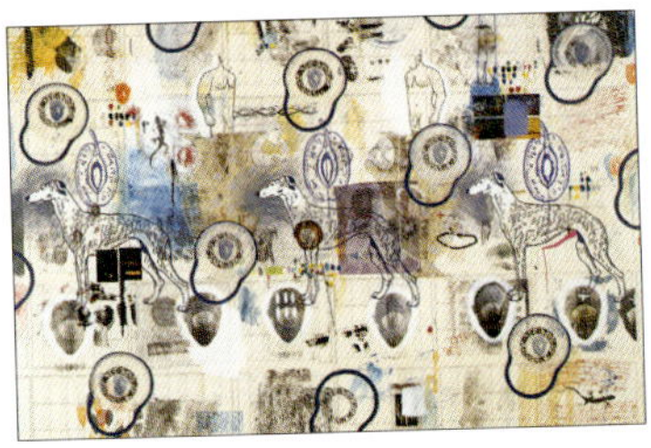

REPUBLIC OF WELCOME
(2005) 200 x 300 cm

Pittura ad olio, acrilico, serigrafia, inchiostro,
resina, silicone, carta

Öl und Acrylfarbe, Siebdruck, Tinte,
Harz, Silikon, Papier

Oil and acrylic color, silkscreen, resin,
ink, silicon, paper

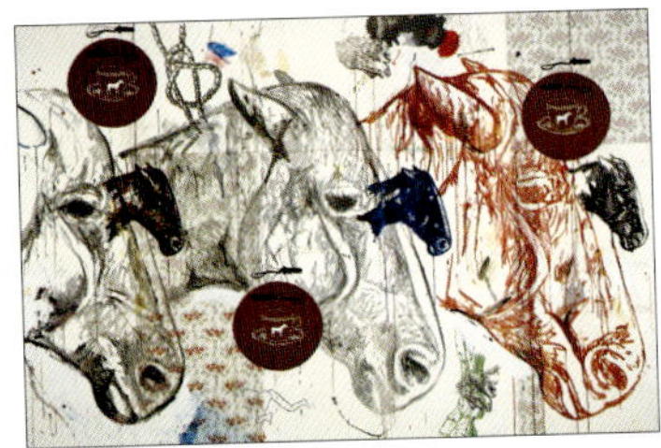

SONNTAG FRÜH SCHLACHTHOFSTRASSE
(2005) 200 x 300 cm

Pittura ad olio, acrilico, lacca, inchiostro,
resina, carta da parati, carta

Öl und Acrylfarbe, Lack, Tinte, Harz,
Tapete, Papier

Oil and acrylic color, resin, ink,
varnish, wallpaper, paper

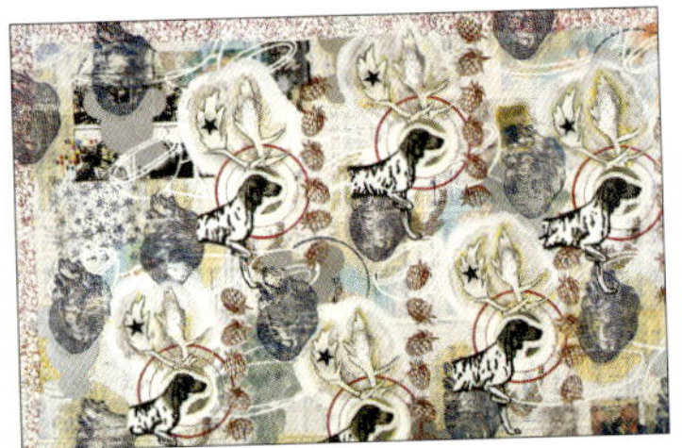

ORIENT HOTEL
(2005) 200 x 300 cm

Pittura ad olio, acrilico, inchiostro,
serigrafia, cera, carta

Öl und Acrylfarbe, Tinte,
Siebdruck, Wachs, Papier

Oil and acrylic color, ink,
silkscreen, wax, paper

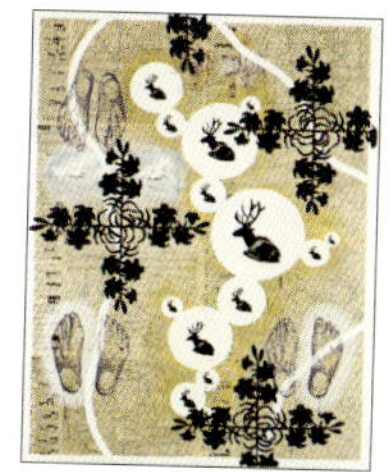

LANDSCAPE AND FLOWERS
(2005) 150 x 200 cm

Pittura ad olio, acrilico,
lacca, carta

Öl und Acrylfarbe,
Lack, Papier

Oil and acrylic color,
varnish, paper

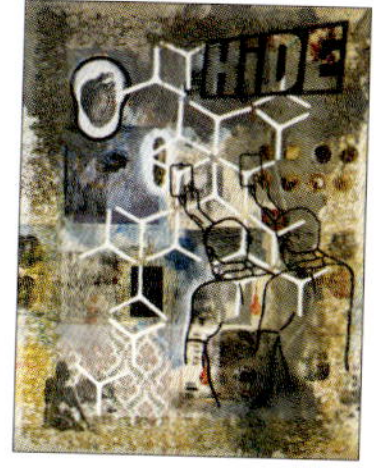

HIDE
(2004) 150 x 200 cm

Pittura ad olio, acrilico, lacca,
resina, carta da parati, carta

Öl und Acrylfarbe,
Lack, Harz, Tapete, Papier

Oil and acrylic color,
varnish, resin, wallpaper, paper

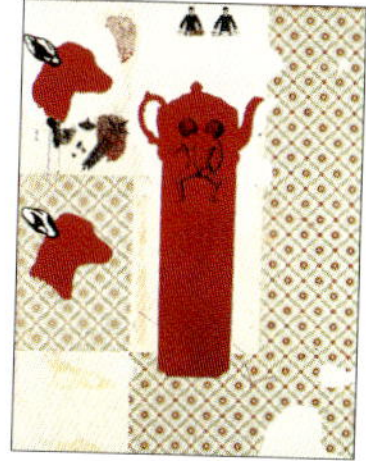

BREAKFAST BY HILDEGUND
(2005) 150 x 200 cm

Pittura ad olio, lacca,
carta da parati, carta

Öl und Acrylfarbe, Lack,
Tapete, Papier

Oil and acrylic color, varnish,
wallpaper, paper

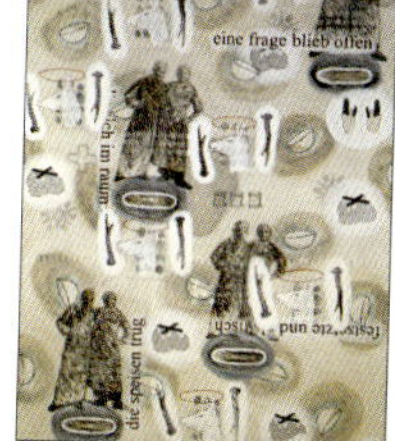

KOSMAS+DAMIAN
(1999) 170 x 210 X 10 cm

Pittura ad olio, serigrafia,
resina, tela

Ölfarbe, Harz, Siebdruck,
Leinwand

Oilcolor, resin,
silkscreen, cotton

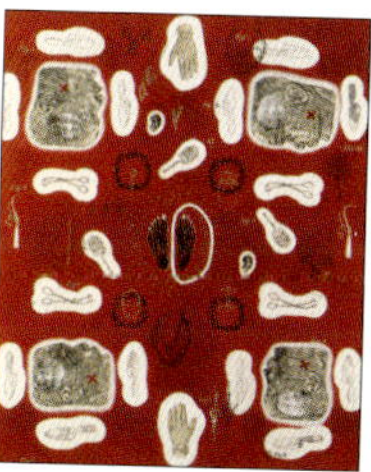

ACHATIUS
(1999) 170 x 210 X 10 cm

Pittura ad olio,
serigrafia, tela

Ölfarbe, Siebdruck
Leinwand

Oilcolor, silkscreen,
cotton

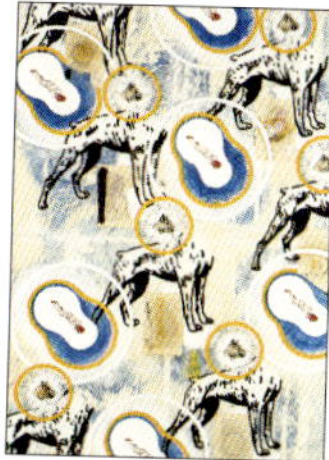

SCHLAFHUNDE
(2005) 132 x 188 cm

Pittura ad olio, acrilico, lacca,
resina, carta, tela

Öl und Acrylfarbe, Lack, Harz,
Papier, Leinwand

Oil and acrylic color, varnish,
resin, paper, cotton

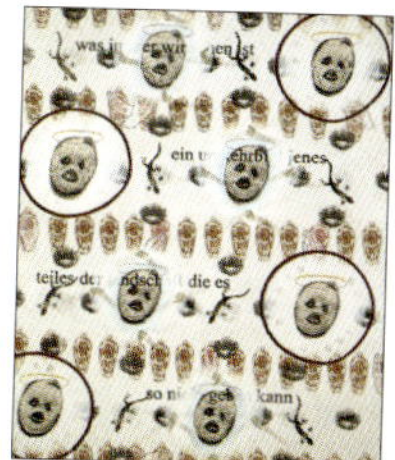

VERONICA
(1999) 170 x 210 X 10 cm

Pittura ad olio, serigrafia,
resina, tela

Ölfarbe, Harz, Siebdruck,
Leinwand

Oilcolor, resin,
silkscreen, cotton

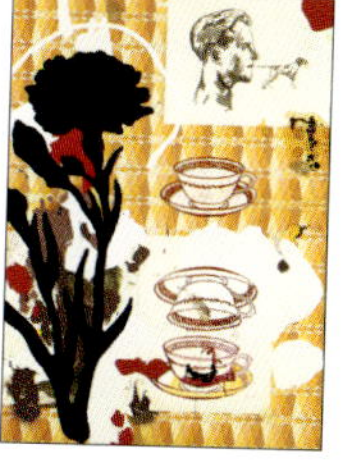

DIE FRAGE UND DIE ANTWORT
(2005) 150 x 200 cm

Pittura ad olio, lacca,
carta da parati, carta

Öl und Acrylfarbe, Lack,
Tapete, Papier

Oil and acrylic color, varnish,
wallpaper, paper

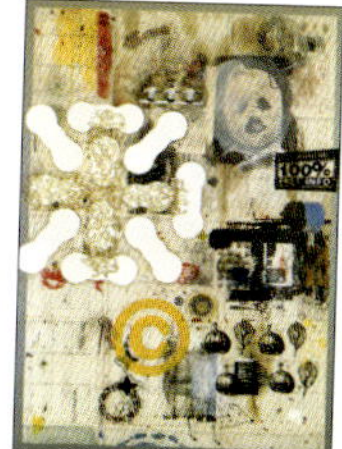

FREE INFO
(2004) 132 x 188 cm

Pittura ad olio, acrylico, lacca,
serigrafia, resina, carta

Öl und Acrylfarbe, Lack,
Siebdruck, Harz, Papier

Oil and acrylic color, silkscreen,
varnish, resin, paper

RINGRAZIAMENTI / DANK / ACKNOWLEDGMENTS

Sergio Tossi Arte Contemporanea
Firenze
www.tossiarte.it

Paolo Maria Deanesi Gallery
Rovereto (Trento)
www.paolomariadeanesi.it

Eva Margesin
Valerio Dehò
Letizia Ragaglia
Sergio Tossi
Paul Thuile
Max Schullian
Paolo Maria Deanesi
Alessandro, Ennio & Ivana Casciaro
Alberto Winterle
Lorenzo Weber
Benno Simma
Verena Unterberger
Silvia Pichler

Mit freundlicher Unterstützung der Kulturabteilung der Südtiroler Landesregierung.

Con il gentile sostegno dell'Assessorato alla cultura della Provincia
Autonoma di Bolzano - Alto Adige.

With the genereous assistence of the Cultural Commission of the
Province of South Tyrol.

COLOFONE / IMPRESSUM / IMPRINT

IDEAZIONE CATALOGO / KATALOGKONZEPT / CONCEPT
Arnold Mario Dall'O

PROGETTO GRAFICO / BUCHDESIGN / GRAPHIC DESIGN
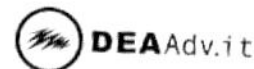 DEAAdv.it

COORDINAZIONE / KOORDINATION / COORDINATION
Blauhaus

TRADUZIONI / ÜBERSETZUNGEN / TRANSLATIONS
Theresia Prammer (deutsch), Ralph Nisbet (english)

PRESTAMPA / DRUCKVORBEREITIING / REPRODUCTION
Typoplus

FOTOGRAFIE / FOTOS / PHOTOS
Hannes Ochsenreiter, Armin Linke (Hotel Greif), weber+winterle (Girlan), Maria Gapp (Artdriveln),
Oskar Dariz, Paolo Belvedere (Stahlbau Pichler)

PUBBLICATO DA / VERLEGT BEI / PUBLISHED BY
Damiani Editore
Bologna / Italia
www.damianieditore.it

STAMPA / DRUCK / PRINTER
Grafiche Damiani

DAMIANI

© 2006 Damiani
© 2006 Arnold Mario Dall'O for the reproduced works

ISBN 88-89431-37-7

Stampato su Magno Satin da 170 gr. e Serixo da 140 gr. distribuite da 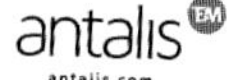